早上3分钟轻松提升个人影响力

高 坤/著

北京理工大学出版社
BEIJING INSTITUTE OF TECHNOLOGY PRESS

图书在版编目(CIP)数据

早上 3 分钟,轻松提升个人影响力/高坤 著. —北京:北京理工大学出版社,2011.6
ISBN 978 - 7 - 5640 - 4412 - 1

I. ①早… Ⅱ. ①高… Ⅲ. ①自我完善化　　Ⅳ. ①C912.1

中国版本图书馆 CIP 数据核字(2011)第 064142 号

出版发行 / 北京理工大学出版社

社　　址 / 北京市海淀区中关村南大街 5 号

邮　　编 / 100081

电　　话 / (010)68914775(办公室) 68944990(批销中心) 68911084(读者服务部)

网　　址 / http://www.bitpress.com.cn

经　　销 / 全国各地新华书店

排　　版 / 北京精彩世纪印刷科技有限公司

印　　刷 / 保定市中画美凯印刷有限公司

开　　本 / 710 毫米 × 1000 毫米　1/16

印　　张 / 11.5

字　　数 / 134 千字

版　　次 / 2011 年 6 月第 1 版　2011 年 6 月第 1 次印刷　　　　　　　责任校对/陈玉梅

定　　价 / 22.00 元　　　　　　　　　　　　　　　　　　　　　　　责任印制/边心超

图书出现印装质量问题,本社负责调换

前　言　做一个改变世界的人

　　"改变世界"，这个提法听上去很有挑战性。在人们看来，世界是如此之大，个人又是如此之渺小。要想以一人之力改变世界，无疑算得上天方夜谭。但事实上，你还真的不要小看自己的影响力。如果用心经营，你就会发现，自己要想改变世界、影响世界，也许不是一件无法办到的事情。

　　在 19 世纪初期的美国，伊利亚·洛夫乔伊的名字广为人知。这个活跃在密苏里州和伊利诺伊州的记者以废除奴隶制的观点而闻名。他撰写、发表了大量废奴文章，希望唤起人们对此的重视。但遗憾的是，他的呼吁并没有得到太多的响应。相反，蓄奴主义者却把凶残的目光盯在了他的身上。一天夜里，暴徒冲进他的办公室，凶残地杀害了他。

　　事情并没有到此为止。伊利亚·洛夫乔伊的死讯唤醒了一位名叫温德尔·菲利普斯的波士顿年轻人的良知。他在洛夫乔伊的感召下，放弃了自己的律师职业，转而投身于解放奴隶运动中，并成为废奴运动的领袖人物之一，为美国黑人奴隶的解放作出了重大贡献。最后，他获得了成功。现在，你可以在伊利诺伊州的奥尔顿和波士顿分别找到洛夫乔伊与菲利普斯的雕像。他们一起改变了世界。

　　当伊利亚·洛夫乔伊发表文章的那一刻，在他临死的那一刹那，他是否认为自己会改变世界呢？在那种绝望的挣扎中，他不会想到这些。可恰恰是在他的影响力感召之下，菲利普斯接过了他未竟的事业。世界因此而改变。这就是一个人影响力的伟大作用！

　　当然，拥有改变世界的影响力并不容易。但你应该知道，改变世界不一定要你亲历亲为。就像洛夫乔伊唤醒菲利普斯一样，只要你有足够的信心和影响力，这一点就不难做到。归根结底，还是一个影响力大小和提升的问题。

不要轻视你自己身上蕴藏的影响力。每一个人在家庭、社会中都有独一无二的身份和作用，他对周围人的影响也意义深远。但这种影响的结果取决于他个人影响力的大小。影响力巨大，他甚至会改变许多人的命运，这种影响也会传播得更远。相反，影响力微弱，他就可能默默无闻直至终老。也许这样说你会感到有些抽象，那么说得再具体一些：影响力巨大，你就会获得同事、伙伴们的敬仰和追随，你就会影响上司、客户的感觉与决定；影响力微弱，你就只能是一个听从命令者，没有人会对你的意见表示重视。现在，你是不是非常渴望获得巨大的影响力呢？

要想获得、提升个人影响力，首先你就要知道影响力到底是什么，要知道自我管理对影响力提升的作用，要知道你该如何让自己的影响力波及他人，要知道你该如何利用影响力改变世界。本书通过翔实的案例、一目了然的图表分析，让你轻松掌握这一切。

翻开书页，你会用本书提升你的影响力，你会用你的影响力改变周围的环境。

[目 录 CONTENTS]

2

第一章

什么是"影响力"

影响力看似虚无缥缈,仔细体会它又实实在在存在。工作与生活中,它帮助销售人员拿到订单,帮助教师获得学生爱戴,帮助领导管理公司运作……可以说,它在人际交往过程中无处不在。影响力作用巨大,所以每个渴望成功的人都希望自己能够在影响力方面不断获得进步。可是在此之前,你要先弄清影响力到底是什么,它的特性又表现为何。

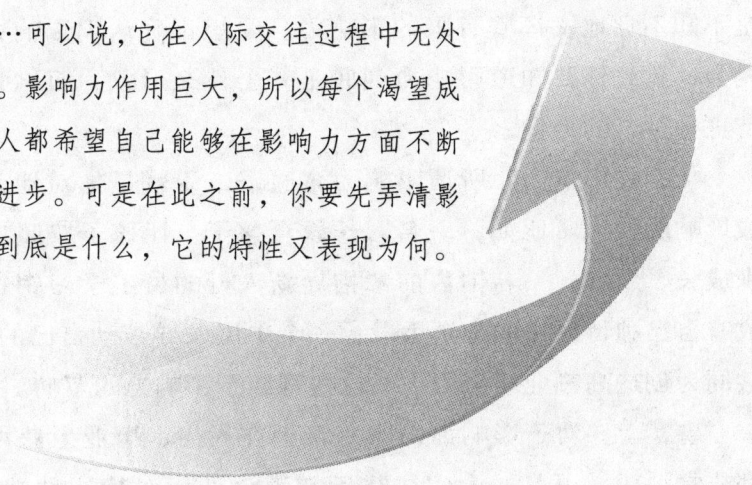

1. 人们眼中的影响力

有这样一个"理论"：马里布的一只蝴蝶轻轻扇动几下翅膀，它所引起的气流变化也许就会使马来西亚在几个月之后，刮起一场规模庞大的飓风。这就是气象学家爱德华·洛伦兹提出的"蝴蝶效应"。

一只小小的蝴蝶会影响整个地球的气象活动，一个能量远大于蝴蝶的人，又会给地球造成什么样的变化？这就是影响的力量。在人们的潜意识里，每个人都有这样一个需求：让自己成为能够影响别人的人。只不过，有些人很明显是在试图获得影响力，有的人则是不知不觉地发挥着有限的影响力。要想正确认识影响力、获得影响力，首先你要知道影响力到底是一个什么形象，而你又是如何看待这种神奇的力量。

什么是影响力？所谓影响力，通俗来说就是你对他人、事物造成影响的能力。比如，一名家长教育孩子，让孩子按照自己的想法来成长、发展；一名销售前辈指导新入行的员工学习销售技巧，形成有自己独特风格的推销手段；一个中层领导带动自己的属下员工，共同为创造高额业绩努力……这些都属于影响力的范畴。

事实上，对于影响力，所有希望在人生、事业上获得成功的人都非常渴望。可是，人们往往不知道该如何对待这种神奇的力量。总的来说，人们对个人影响力的态度，大致可以分为四种，而它们也使一个人的影响力有着大小的区别（图1-1）。

从积极获得影响力到肆意挥霍自己的影响力，影响力就像是一种能量，它会随着你的态度而发生量和质两方面的变化。所以，重视自己的影响力，让自己的影响力得到充分发挥，并顺利成长，你

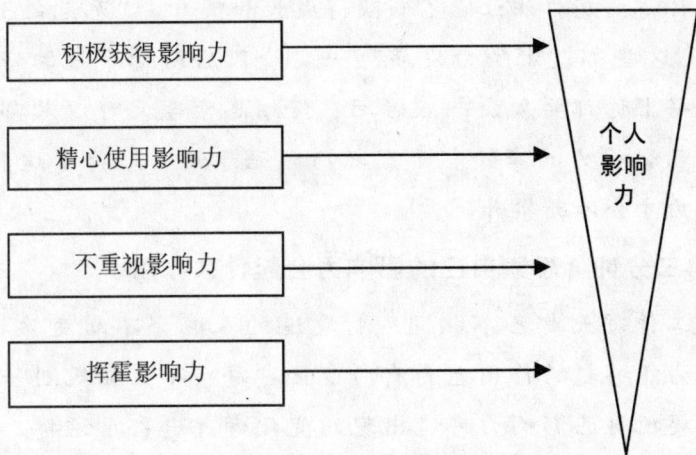

图1-1　态度不同，个人影响力的大小也不同

必然会从中大大获益。反之，则很可能会让自己陷入影响力缺失的状态，那时你在别人眼中也就成了一个可有可无的人。

影响力在人们眼里各不相同。不要去管别人眼中的影响力到底是什么样子，你只要管好你自己的思维就可以，这是最大限度发挥个人影响力作用的前提。我们给你的建议是，充分利用早上三分钟，给自己做一个思维调整：

◎ 第一分钟　自己的影响力到底如何

这是你发展自己影响力，让它充分发挥作用的前提。不知道自己到底有什么能量的人，只会做出不合时宜的举动。就像一个刚刚"空降"到某单位的领导，在不知深浅的情况下贸然指挥属下去做为难的事，最后很可能就会遭遇失败！

这一点并不难以做到，你可以认真分析一下自己与周围同伴交往时的优势、劣势，弄清你与同伴之间关系的密切程度，找出自己在哪一方面会对别人造成影响。这样你就可以大概了解自己的影响力了。

◎ 第二分钟　思索今天是不是可以从某一方面增强影响力

能量再多也不嫌多，影响力再大也不嫌大。不管你的影响力是

3

大是小，你都要想办法让它不断获得成长和提升。"无冕之王""隐形领导"，这些都是影响力发展到一定阶段后给你带来的好处。所以，每天早上你都要拿出一点时间，仔细思索今天可以做哪些有利于增强自己影响力的事情。千里之行，始于足下。有了这种意识，你的影响力才会不断攀升。

◎ 第三分钟　思索自己的影响力会起什么作用

你的工作每天都各不相同，打交道的人也会不断变换。所以，你的影响力能够起的作用也会有所变化。每天早上在规划一天工作时，你都要把自己影响力可能出现的变化考虑进去。这样，你才能最大限度地发挥它的作用。

2. 影响力的作用

要端正对影响力的态度，你一定要深刻了解它对你自己、对你周围的人，会起怎样一种作用。也许你会觉得这不过是你个人的事情，可事实上，作为一种需要两者，甚至更多个体共同参与的"共振"活动，影响力作用后所产生的后果，绝不是你一个人可以承担的。你需要让影响力为你所服务，你也要为自己的影响力所造成的后果负责。所以，你要清晰地认识自己某种影响力的作用和可能产生的后果到底如何。

在一个人的工作、成长历程中，他的个人影响力必然会随着时间和周围环境的推移发生变化。而他的这种变化带来的直接后果，就是对他个人和周围人造成的各种影响。这其中既有好的影响，也有坏的影响。有些影响会让旁人大大受益，有些影响也会害人害己。也许你仅仅是一个刚参加工作没几年的年轻人，也许你已经是一个功成名就的成功人士，但不管你的身份是什么，你都要为自己的影响力负责。因为作为一个渴望成功的人、一个发奋图强的人，你的影响力的作用绝不可小视。

每天早上，在规划一天的工作安排、想象自己的行为会达到什么预期目的时，你最后都要给自己留出三分钟，在脑海里强调一下你的影响力可能会造成什么样的后果。

◎ 第一分钟　思考你今天会影响到什么人

你的工作和各种活动不会与旁人无关，所以你必然会影响到别人。在规划工作以前，你要事先考虑清楚，你今天会影响到什么人。比如，你要对一名应聘的大学生进行面试。这时候你就要知道，你的决定和指导会对他接下来很长时间的生活、工作甚至整个一生造成影响。想清楚这一点，你在使用影响力之前就会变得更加慎重。

◎ **第二分钟　你的影响会给别人造成什么样的后果**

知道了要影响的人，你就也要知道会给他造成什么样的影响。好的还是坏的？会让一个人变得更有主见、更加奋发向上，还是让他变得唯命是从，成为一个职场跟屁虫？想清楚这些，你就会更善于使用自己的影响力。

◎ **第三分钟　有没有挽回的机会和途径**

对别人造成不好的影响，这在很多时候是一个人不愿意看到，但又不得不去做的。如果你在经过前两分钟的思考后发现，自己也面对着这样一个困境，那么你就要想一想，是不是有挽回的机会。给了一个人坏的影响，往往也就意味着你的影响力也要随之降低！当然，如果有好的影响，那你就可以想一想怎样才能再加一把劲儿。

3. 影响力不等于权力

许多人习惯于把影响力与权力混合在一起。尤其是在今天这个"官本位"思想盛行的时代更是如此。要了解影响力，首先你就要知道，影响力与权力并不相同。

从词汇意义上来看，对于个人而言，权力是一个人在职权范围内的支配力量。这里有两个定语："职权范围内"和"支配"。这两个词就决定了影响力与权力的根本差别。下面我们通过表1-1来做一下详细对比。

表1-1　影响力与权力对比

项目	影响力	权力
能力授予者	施用者本身	上级相关部门、法律或某一组织结构规定
是否带有强迫性	否	是
外在表现	隐藏式	外在表露式
使用结果	短期见效性差，但长期效果好	短期效果强，长期与权力持衡密切相关
成长方式	自我修养提高	获得更大授权

从表1-1中我们可以看出，影响力与权力有着根本的区别。不管是从产生方式还是从运作模式，一直到最后的效果，都有着明显差异。在我们的社会交往、工作、学习中，你发挥影响力获得的往往是一种"追随"的效果，使用权力则达不到这一目的。

比如，一位经理人在跳槽时，他的属下心甘情愿与他一起离开待遇丰厚的原公司；再比如，一位基层领导在面临部门拆分时，他的属下千方百计留在严重缩编的科室里，这都是影响力发挥作用的体现。相比之下，权力却没有这种聚拢人心的作用。可以说，从作用效果上看，影响力要远远优于权力。事实上，许多具有一定影响力的人，都更喜欢运用影响力，而不是用权力去左右别人的意志。

沃尔玛创始人山姆·沃尔顿是一个非常崇尚节俭的人。他一直认为，要想让超市创造高额利润，最好的渠道就是勤俭节约。一次，他到一个下属分店巡视。正值售卖高峰，分店生意火爆，员工都忙得脚不沾地。沃尔顿来到分店后，二话不说就开始帮起忙来。有一位年轻的店员正在给顾客包装商品，他手脚麻利地完成了任务，然后随手将剩余的一张包装纸和包装绳扔掉了。这一幕正好被沃尔顿看到。他默默走上前，将纸和绳子捡起放在工具箱内，微笑着对店员说："小伙子，我们卖东西赚不了什么钱，关键就是靠节省这些来创造利润。"小伙子发现这个默默无闻的中年人其实是大老板沃尔顿后，不禁面红耳赤。从那以后，他再也没有浪费过包装纸。

如果换做你是沃尔顿，看到属下员工的这种浪费行为后，你会采取什么样的措施？从双方身份对比来说，沃尔顿完全可以把这名员工叫到办公室狠狠训斥一顿。而且他的这种做法会让员工记忆深刻，以后再也不敢随意浪费。可是他却没有这样做，他选择的是用行动和影响力去感染员工。这种做法不仅收到不错的效果，而且大大提升自己对这名员工，甚至整个分店员工的影响力。有权力不用，巧妙运用影响力，这种做法就很值得我们学习。

早上三分钟，认识权力和影响力的区别，找到更适合自己使用的途径，这不管是对你提高影响力还是运用影响力都大有好处。

◎ 第一分钟　别把权力和影响力混淆

影响力来自认同，带来了自觉；权力则来自地位，送去了强迫。所以，在想让别人对你表示服从以前，你一定要想清楚对方服从你是因为你的权力还是你的影响力。不要把权力的强迫后果看做是影响力的功劳，否则后果就会非常严重。

◎ 第二分钟　少用权力，多用影响力

在可能的情况下，对同事、下属进行影响或者管理时，尽量使用影响力，而不是权力。使用权力立竿见影，但其副作用却不容忽视，而且它对你的长久发展也非常不利。

◎ 第三分钟　借用权力增加影响力

影响力与权力往往有着千丝万缕的联系。因为权力可以让一个人有更多的话语权。这就意味着，他有了进一步扩张自己影响力的平台。做同样一件好事，领导者做了和普通人做了，所能够给自己带来的正面影响往往差别巨大。所以，如果你有了"权力"这个平台，就一定要抓住它，使用它，让它为增加自己的影响力服务。

4. 影响力的时空性

有一个流传甚广、充满哲理的故事：一个铁匠打铁钉时造出了一个残次品，结果因为它让一匹战马丢了一块马蹄铁。接下来就是一连串事件的发生：丢了一只马蹄铁，摔伤了一匹战马；摔伤了一匹战马，牺牲了一位骑士；牺牲了一位骑士，耽误了一个消息；耽误了一个消息，失败了一场战争；失败了一场战争，灭亡了一个国家……这就是影响力的一个重要特性的体现：时空性。

影响力具有极高的时空特性。一个人的影响力往往不会在很短的时间内消失。相反，它还会一直持续下去。而且从强度上来看，个人影响力是按曲线模式运行的，而影响力的结果却与之相反。图 1-2 和图 1-3 能够大致说明这一特性。

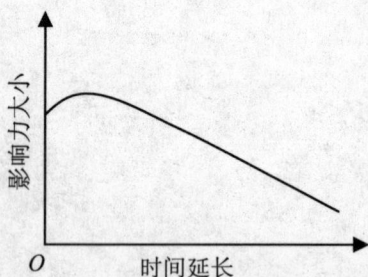

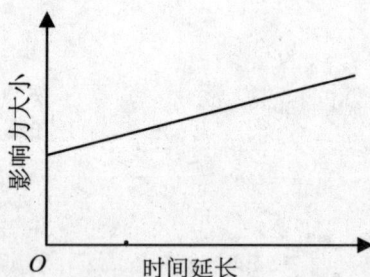

图 1-2 影响力强度随时间推移而变化　图 1-3 影响力结果长时间保存并不断扩大

首先我们来看影响力本身的时空性。影响力本身的强度一般会像图 1-2 中所示，呈曲线发展。随着时间的推移，在短时间内它会不断上升，可是从长远来看，它会在攀升到一定高度后呈下降趋势。但要注意的是，这种下降不会是急转直下，马上就消失。在之后的几十年，甚至上百年、上千年，它都可能继续存在。具体强度如何，就要看影响力的主体最开始的起点高低。起点高，他的影响力持续的时间相对就长，反之则相对较短。一个人总体的个人影响力是这样，他某一阶段某一方面的影响力也是如此。比如，一位著名歌手，他在刚刚出名那一阶段也许影响力很大，但随着时间的推移，他的影响力就会减弱很多。

与影响力本身强度相比，影响力结果的时空性却大大不同（图1-3）。有一个例子：

1899年12月13日，在南非比勒陀利亚城工作的英国人霍华德救了一个从战俘营逃出来的英国记者。当时布尔战争正激烈地进行着。霍华德充满爱心地掩护这位记者逃过了追捕，并且想办法资助他回到了英国。记者回国后，马上通过报纸报道了他在南非的传奇经历。这些扣人心弦的文章使记者在国际上声名鹊起，并且帮助他登上了英国的政坛。这位记者就是温斯顿·丘吉尔。

霍华德的一次善举拯救了丘吉尔的生命，而丘吉尔在第二次世界大战中带领英国人民顶住了希特勒的疯狂进攻。可以说，霍华德的行为已经影响了整个第二次世界大战，甚至第二次世界大战以后的世界格局——影响力结果的时空性在这里体现得淋漓尽致。大人物如此，你的影响力结果也是如此。比如，你在街边救济了一个濒临绝境的女孩子，她的一生会由此走向哪里，你知道吗？但毋庸置疑的是，这种影响力的结果将长期存在。

影响力具有时空性，我们在运用影响力的时候，就一定要将这种特性考虑周到。早上修炼三分钟，你可以做到这一点。

◎ **第一分钟　辨别影响力是在走上坡路还是下坡路**

影响力本身的强度是一个不断变化的过程。也许你在某一阶段影响力很高，但这不代表你会一直保持这种强度。所以，早上第一分钟你要思考自己最近一段时间影响力的具体走势：是走上坡路还是下坡路。如果你发现自己在周围伙伴中的影响力有减弱的趋势，那么你就一定要多加小心。

◎ 第二分钟　找到重新振作影响力的途径

影响力走上坡路一切都好，如果你发现它是在走下坡路，就要仔细想一想如何才能重振你的影响力。是通过某一事件重新吸引人们的注意，还是另起炉灶给人们一个惊喜？这就要看你身处的具体环境如何了。

◎ 第三分钟　注意巧妙运用影响力作用的时空性

影响力的结果有时空性，所以在运用影响力时你就要有前瞻的能力。比如，如果你发现一位同事很讲义气，而且能力超强，有发展前途，你就可以在他身上多下工夫。让一个"潜力股"深受你的影响，在将来很长一段时间里，你都会因此而获益！

5. 领导者与圣人的产生

　　人类社会是一个等级社会，哪怕在现在这个讲究"民主"的时代，等级仍然存在。这是因为，人们在思维意识里对等级划分就有强烈的需求。不仅上位者需要这种划分，下位者甚至所有普通人都需要这种划分。这种状况就反映在人们对影响力的需求上面。

　　孔子曰："三人行必有我师。"这一方面说的是要多学多看，让自己不断进步；另一方面也是在揭示一个潜在的心理学现象：所有人都有一种心理崇拜需求。他们渴望自己能够获得领导者或者"圣人"的影响。哪怕已经成为上位者，他们也不会避讳自己需要别人影响的事实。这就是为什么几个人出去游玩，会在不知不觉中形成以一个人的意见为主的现象。至于那些处于社会等级顶层的上位者，他们也需要一些人给予他们心灵的慰藉。

　　一般来说，人们对影响力的天生需求可以分为两类：行动上的和思维上的。幻化为现实生活中的身份，就是领导者与圣人的区别。

　　领导者是行动上的影响力之源。一个组织、一个团体，甚至一个小小的聚会，都需要一名领导者。因为人在行为上都有驱从性。受一名影响力巨大的领导者影响，他们在实施某项行为时，就可以减轻巨大的心理压力。哪怕这名领导者只不过比他们略微强上一点点——甚至一点都不强，只不过是地位略高——他们也会心甘情愿地听命于他。现在社会、政府鼓励自主创业，可是仍然有那么多人不敢尝试，而是守在办公室里拿微薄的工资，就是因为这个原因。

　　与领导者相比，圣人的影响力表现在思维上。所有人都需要精神寄托。这也是为什么千百年来各种思想、学说能够大行其道的原因。作为一种思想，它的影响力会让人们为之痴迷；同样，作为思想的承载者，圣人也会获得人们的崇拜与追随。在现代社会，也许这种思想上的圣人已经不太容易出现——至少在中国社会不容易出现，但不代表他不会以另外一种形式存在。为什么周恩来总理会受到中国人民几十年来从不间断的崇敬？就是因为他拥有高尚的品德。这种人格魅力使他成为了人们心目中的"圣人"。同样，仔细观察你的周围，那些品德高尚、为人正直的人也大多会有强大的影响力，他在人们心中就充当了精神领导者的角色。

影响力可以表现在许多方面，其中以行动和思想两方面最为突出。在我们的人生职业发展道路上，如果你也想通过影响力获得成功，为自己打开新的坦途，你不妨就在这两方面多下工夫。能够获得其中一种影响力，你就已经获得了不小的成就，拥有了一个宝贵的平台。如果两个都能获得，成功就已经在向你招手了。

成为领导者和圣人不是不可能实现的，早上三分钟，你要选定好自己的目标。

◎ 第一分钟　领导者和圣人哪个更适合你

两种角色全部获得并不容易，很多时候人们只能获得其中的一种。我们的建议是，你可以先从其中某一个打开突破口，然后再慢慢向另一个靠拢，最终实现两者的共有。所以，早上第一分钟，你就要想清楚领导者与圣人哪个更适合你。如果你的境遇不佳，人脉不广，而且个人行动能力并不出色，你也许就应该着重考虑一下圣人的角色。相反，如果你是一个行动能力超强的人，那么你就可以优先考虑领导者角色。选择权掌握在你的手中。

◎ 第二分钟　在你所处的环境中，哪个更为人们所需要

影响力有施加对象才能真正发挥作用，所以你在考虑影响力发展方向时，也应该考虑一下你要影响的对象更需要哪个类型。一队困在沙漠中的旅者需要的绝不是圣人，一个处于严密管理之下的团

队也不太需要拥有另外一个领导者。找到真正的需求，你才能让影响力发挥更好的作用。

◎ 第三分钟　贪多嚼不烂

想好了你的发展方向，就开始行动吧！不要贪多，更不要希望在最短时间把两个目标全部拿下来。让你的影响力专心致志向一个方向发展，最后你一定会获得不错的成果。否则，贪多嚼不烂就不是我们希望看到的结局了！

6. 确定要影响的目标

你想过你要影响什么人吗？通过以往的调查问卷我们发现，许多人对自己到底要影响什么人毫无概念。同事、亲朋好友、子女……在他们看来，所有与他有接触的人都应该在其影响之列。的确，不管一个人影响力的大小，他总会对周围人造成影响。

不管影响力波及的人是不是你所期望的目标，我们都可以将之列入"目标"范围，因为影响力很多时候是一种非自主意识控制的能动作用。但是从你主观意识发挥作用的程度来看，我们还是可以将这些"目标"分一分类。如图1-4所示。

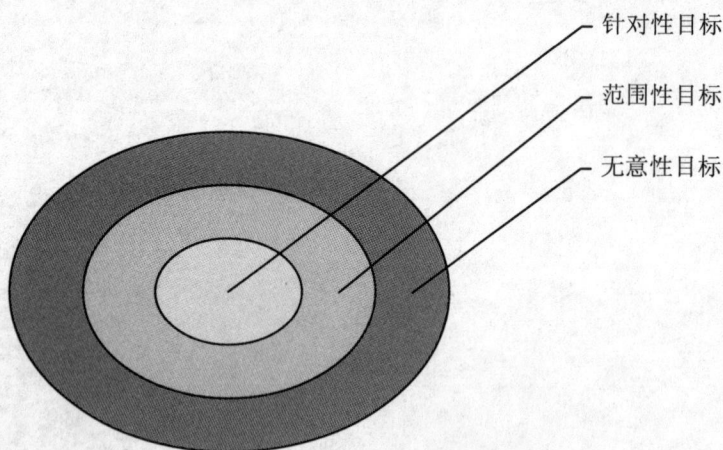

针对性目标

范围性目标

无意性目标

图1-4 影响力目标的分类

从图1-4中我们可以看到，根据影响力施用者的主观意图，影响力目标可以分为三类：针对性目标、范围性目标和无意性目标。三者相比，最后一种"无意性目标"范围最大，它可以是一个人所能接触到的所有交际对象。与之相比，针对性目标范围最小。

三者的关系是：所有与你有接触的人，都可以看做是无意性目标。但出于某种需要，比如搞好办公室内部的人际关系，你会对其中一部分人做有意识的影响，这就是范围性目标。对范围性目标，一般人都不会做出刻意的举动，但在与之相处时还是会有所注意。当你需要对某人做特殊影响，比如你希望能够在上级心目中留下好的印象时，针对性目标就产生了。他可能是你范围性目标中的一员，也可能不是。三种目标中，无意性目标人数最为广泛，而针对性目标人数最少。

在充分发挥个人影响力，以此获得最大利益的过程中，能够将这三种目标在脑海中进行清晰区分，并进一步区别对待的，都会获得不错的效果。相反，像我们刚开始提出的，施加影响力时眉毛胡子一把抓，不分主次的人就会让自己的影响效果大大降低。

世界著名的销售大师原一平曾经使用过这样一个销售策略：他把自己需要接触、影响的客户按照需求、支付能力、性格等划分为3个等级。以100名客户为例，他把第一等级的客户定为5人。这5位客户是他最需要认真公关的人。为了给他们留下好印象，拿下订单，原一平根据他们各自的特点采取了不同的交际策略，可谓煞费苦心。

第二等级有15名客户。这些客户是有潜力成为第一级客户，或者与原一平有合作倾向的人。面对他们，原一平没有像对待第一级客户那样付出，但始终保持对他们的关注和调查，不放弃任何一个接触机会。

第三等级为剩余的80名客户。对这些客户，原一平会一一拜访。不过，他放在他们身上的精力并不多，以培养感情为主。原一平所划分的三个客户等级之间不是永远不变的，各级之间始终有向上的替补活动。这个技巧让原一平的销售始终处于高效状态。

抓住最主要的，暂缓次要的，保持最低注意力在普遍的。原一平就是一个会最大限度发挥有限影响力的人，而他的秘诀也就是逐级确定他要施加影响的目标。毫无疑问，这是一种能够最大限度发挥个人影响力作用的技巧。早上三分钟，你就可以把这个技巧灵活、熟练掌握。

◎ **第一分钟　确定施加影响力的目的**

有目的地施加影响力是最能够发挥影响力作用的方式，所以在确定影响目标之前，你要知道自己的目的是什么。如果你没有需要马上实现的目的，你也要有自己的长远计划和构思。

◎ **第二分钟　寻找关键人物，排出主次**

要想实现自己的目标和长远计划，有哪些人是你必须争取、影响到的？这是你在第二分钟应该马上明确的。如果你经过思索获得了多个答案，那么你就需要像原一平那样，为你的答案排一个"座次"。

◎ **第三分钟　制定影响策略**

有目标地使用影响力与范围性使用影响力的最大区别就在于，你会有针对性地制定影响策略。这也是保证影响力发挥最大效力的基础。所以，在确定好影响目标以后，你就要制定策略。策略的制定方法很简单：了解目标，根据特点制定。

7. 发挥影响力的渠道

你想到达一个城市，就需要知道通往那里的道路；你想实现一个目标，也要有规划好的路径。"条条大路通罗马"不假，但这么多条道路的远近也绝不相同。好的渠道可以帮你尽快实现目标，充满曲折的路途却也可能让你半途而废。想要发挥影响力，你就要找到、走上这么一条适合你的道路。

美国总统奥巴马在竞选期间曾经获得过一个称号："网络总统"。之所以这样说，是因为他堪称是美国总统选举史上最会利用网络扩张自己影响力的人。

"不管是'大户'还是'散户'，所有能够上网的人都是我的影响目标。"奥巴马曾经这样和他的竞选团队说。作为一个影响力欠缺的黑人候选人，在竞选初期，奥巴马急需在最短时间内扩张自己的影响力。最后，他把目光盯上了信息传播速度最快的网络。

筹款、发表施政宣言、建立粉丝群、聚拢人气……奥巴马几乎把自己所有要做的事情都放在了网上。任何一个对他感兴趣的人都可以通过网络公布的最新竞选消息了解奥巴马的一切。"我在网络上接受你们的捐款，接受你们的监督，接受你们的质疑，也接受你们的支持。"奥巴马在网络视频上这样呼吁。结果，就在他的竞选对手为了到一个又一个州拉选票而忙得不可开交的时候，奥巴马已经悄悄通过网络把自己的形象传遍了美国的每一个角落。也许有些竞争对手会因为分身乏术而放弃在某一个偏远地区的宣传，但奥巴马却在网络上轻而易举避免了这个遗憾。

"美国民众能在最短的时间内认可我，网络功不可没。"竞选成功后，奥巴马在内部庆功晚会上这样总结。

奥巴马成功的秘诀不仅仅在于他利用了网络，更在于他找到了最适合自己、最高效快捷发挥影响力的渠道。试想，如果他也像一般候选人那样一个州一个州去演讲、去募捐，那么他绝对无法绝地翻身，在那么短的时间内将自己的影响力推向全国。也许你没有奥巴马那样艰巨的竞选任务，但是在发挥、推广个人影响力方面，精心选择渠道也同样重要。

一般来说，我们发挥个人影响力的渠道主要有三种：面对面的交流、口口相传和各种信息的合理公布。其中，面对面的交流是效果最佳，但效率也最为低下的方式。效果最佳是因为"百闻不如一见"；效率最低下则是因为每个人的精力都是有限的，很多时候都是分身乏术。不能面对面交流，许多人就选择了口口相传。"听说你们公司的某某经理是个工作狂?""对，他工作起来非常认真，而且不达目的不罢休……"类似这样的传言常常会给你的影响力传播造成推波助澜的效果。除了这两者以外，还有各种信息的公布。比如，一家医院大门口设立了展示牌，病人可以通过它了解医生们的信息。上面提到的奥巴马网络竞选也可以归于这个类型。

三种渠道各有优劣。你可以选择三管齐下，也可以根据自己的实际情况主打其中一个。不管你最后选择哪个，适合你才是最重要的。早上三分钟，我们帮你实现这一目标。

◎ **第一分钟　总结自己的优势，优势要与渠道相配合**

你是能说会道，是有不错的群众口碑，还是履历过硬？这些条件都对应着不同的影响力推广途径。早上第一分钟，你要知道自己有哪些优势可利用，而这些优势又可以对应哪个渠道。如果你实在想不出来，告诉你一个妙招：根据渠道逆推优势。

◎ **第二分钟　想一想如何才能玩转渠道**

知道用什么渠道还不够，你还要知道该怎样做才能玩转渠道。

多练一练交际口才，多学一些网络知识……"工欲善其事必先利其器"，玩转渠道也是如此。

◎ 第三分钟　尝试使用高科技渠道

传统渠道在许多人心目里都有优先权。比如，招聘会首选面谈。可是我们在这里鼓励你，如果有可能，你不妨多选择一些高科技渠道，如互联网、电视媒体、手机通信……这些渠道本身就在向人们传达着一个信息：你是一个很有能力的人，至少是一个引领时代潮流的人。这种暗示意义重大。

8. 潜移默化与快刀斩乱麻

人们对影响力的重视并不是从现在才刚刚开始的。早在 20 世纪初，就有一批人类社会学家开始注意个人影响力在生活、工作乃至社会发展中所占据的重要地位了。经过多年研究，人们发现影响力的发挥过程有了一个明显的变化：从潜移默化开始向快刀斩乱麻发展。

在之前的相关论著里，人们一提到影响就是"潜移默化"。与权力命令、要求等相比，没有明显诉求的影响的确是以潜移默化为主。在长期的交流中，交际个体一方被另一方的人格魅力、说服技巧所征服，最后达成思想和行动上的一致性。这个过程不论是从时间还是思维交流强度角度来看，都是长期、缓慢而温和的。可是现在社会生活节奏的调整和人们之间交往模式的改变，已经令这一过程发生了变化。

世界变化得太快了！翻开报章杂志，你几乎每天都可以看到类似这样的说法：据可靠估计，1965—1995 年这 30 年间，全世界所有信息的总量远远多于公元前 3000—公元 1965 年这将近 5 000 年全部信息的总和。而 1995—2010 年，这个数字又出现了一次。这意味着什么？这意味着你用潜移默化方式传递给被你影响的人的信息，与他每天接受的类似信息相比，已经不能打动他的心了。这就像一个按照古板方式追求女孩儿的男孩子，很难竞争过一个敢爱敢恨，敢于表白的竞争对手。快刀斩乱麻，已经渐渐成了人们影响他人的主要模式。要想让自己的影响力顺利实现既定目标，你就要适应这种影响的方式。有一个非常明显的例子：

翻开美国历史，每次总统大选，都是一个激烈而持续的争夺战。争夺的目标就是民心，就是人们的捐款。奥巴马作为一名黑人，是如何在最短的时间内击败竞争对手，获得人们信赖的呢？

与自己的对手相比，奥巴马在种族等各方面有着先天的劣势。这让他无法按照以往总统竞选的办法去一点点改变选民对他的态度，他要在最短的时间里把自己的影响力扩张到最大的极限。奥巴马的做法很令人吃惊，因为在许多方面他都以一种直率、坦诚的方式进行着。比如，筹集竞选捐款，奥巴马没有隐晦地要求自己的支持者捐款，而是与一家网站签订了巨额合同——每一个在此网站点击奥巴马视频的人都可以为他捐款。捐款的数额不限，最少是几美元。这种把宣传和筹款结合在一起的大众普及式竞选方式让他的对手嘲笑不已。

事实证明，奥巴马的坦率和直接成为了他竞选成功的最大助力。以捐款数额为例，2008 年 1 月，奥巴马通过这种方式筹得了 3 000 万美元巨款，2 月这个数字就翻了一番，成为了 6 000 万美元。奥巴马的筹款速度令人瞠目结舌，同时他的影响也借此机会迅速传播。终于，他赢得了这次大选。

在我们为奥巴马的勇敢和直率而喝彩的同时，是不是也应该为他快速提高自己的影响力，以快刀斩乱麻的方式影响他人而叫好呢？通过早上三分钟的学习锻炼，你也可以拥有奥巴马的这种技巧。

◎ 第一分钟　让自己敢于大胆地出击

与潜移默化的影响方式相比，快刀斩乱麻的方式更需要胆量与技巧。许多人无法接受这种变化的主要原因就是顾虑太多，思前想后，不敢主动出击。所以，要想让自己的影响力在最短时间内顺利铺开，你就一定要让自己具备这种勇气。早上第一分钟，你要默默给自己鼓劲。

◎ 第二分钟　找出对对方最有效的方式

潜移默化的影响对技巧要求不高，因为一旦出现问题，补救的途径很多。可是对于快刀斩乱麻来说却不是如此。所以，第二分钟，你要仔细思考自己所能够采取的方式。对你最有利，对对方最有效，而且也最为稳妥的，才是你最应该选择的。

◎ 第三分钟　不要急于求成

快刀斩乱麻并不是要让你不顾一切地急于求成，而是要让你提高效率。所以，在没有确切把握的情况下，没有经过认真思考，你也不要过于盲目。否则就是"心急吃不了热豆腐"了！

9. 强迫、诱惑与鼓励

强迫、诱惑与鼓励在很多人看来是扩张自己个人影响力的三个最好方法，其实三者还是有很大差别的。因为它们对被影响者的心理作用原理各不相同。

鼓励是最为心理学家所提倡的方法。从一个人心理接受能力的角度来说，他很容易就会对鼓励自己进步的人产生好感。如果他在与之交往的过程中，发现自己的确从对方的鼓励里获益，那么他就会产生感激、信任的心理活动。这种活动对你扩展在他心目里的影响力，进而获得对方的支持非常有利。

与鼓励相比，诱惑的作用效果和速度都更胜一筹。但从长远角度来看，诱惑的效果却没有鼓励好。因为在诱惑下，受影响者虽然可以尽快接受你的观点和做法，但却不容易在内心对你个人产生认同感。就事论事你会获得成功，但从长远来看却有些急功近利。

三种方法中，强迫的效果最差。一般而言，强迫的方式有软硬两种：用某些条件威胁或者用职权要求。强迫虽然可以帮你顺利实现影响他人的目的，但事实上，这种影响并不是真正的"影响"。因为对方心里不但不会与你产生共鸣，相反还会产生巨大的抵触情绪。失去强迫的条件，你对对方的影响力很可能就会直接降低为零。

三者之间的区别，我们可以通过图1-5和例子做直观的了解。

在一家机关报社，刚刚提拔上来的年轻副主编需要给已经有些暮气沉沉的老编辑们上一上课：他希望报纸以后的内容应该是及时、高效、具有透视热点的，而不能像以前那样慢吞吞地跟在别人后面做转载。他以身作则，刊发了大量稿件。同时，在稿件选择上也对

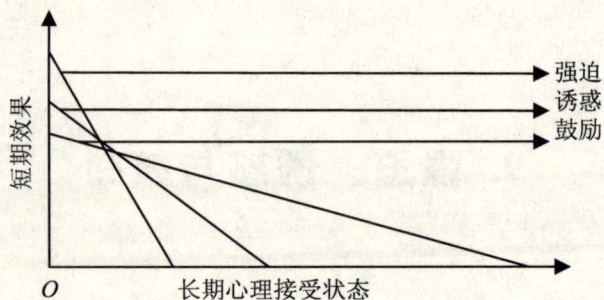

图1-5　强迫、诱惑、鼓励对比

老编辑们提出了要求。可是，几个月过去了，他的努力并没有获得太多的收获。报纸甚至一度出现了严重的两极分化：副主编负责的版面新颖、时效性强，其他版面则老气沉沉。副主编决定换一种影响方式。

在与主编讨论后，他将报社编辑队伍分为两个分部：他领导一个，成员大多是与他有同一观念的年轻人；另一个则由其他老编辑组成。老编辑分部依旧负责报纸的主刊，年轻编辑分部则负责新创立的副刊。双方工资奖金与发行量挂钩。一个月后，老编辑们就惊讶地发现那些年轻编辑的薪水普遍要高出他们40%——副刊的发行量摆在那里。老编辑们深受启发。这时，副主编提议把两个编辑部打散重新安排。大家都很高兴，而且老编辑的风格也大大改变。

报社副主编为了改变编辑们的写作风格，先后做了两次尝试。一次是依靠自己的影响力改变编辑们的固有看法；另一次则是用自己的能力，向老编辑们展示了向他学习的好处。在第二次尝试中，他先后使用了诱惑与鼓励的策略。为什么他费尽心机却不依靠自己的职权要求属下遵从他的意见呢？就是因为他明白强迫在影响力发挥方面的巨大副作用。

早上三分钟，你要想清楚自己到底该用哪种方法达到目的。

◎ **第一分钟　排除自己强迫他人的潜在欲望**

心理学家分析证明，几乎所有人在潜意识里都有强迫他人按照自己意愿行动的意识。所以，很多时候我们都会不自觉地做出类似这样的行为。早上第一分钟，就要排除这种欲望。仔细审视自己将要采取的交流方式，让这种危险的做法离你越远越好！

◎ 第二分钟　诱惑要有人情味

诱惑有很多种方式。有的诱惑很体贴，能够让人心甘情愿接受；有的诱惑却是赤裸裸，丝毫不考虑对方能否接受。如果你想用诱惑的手法获得他人的好感，在这一分钟里，你一定要告诫自己：诱惑要有人情味。

◎ 第三分钟　把鼓励别人当做一种常态

把鼓励别人当做一种常态，你不仅可以扩展自己的影响力，而且能够潜移默化地获得别人的好感，让他们按照你所预期的方向前进。所以每天早上，你都要反复向自己强调，今天我一定要多鼓励别人。

10. 善于利用权力辅助影响力发展

前面曾经提到过，权力与影响力并不是同一种力量，甚至很多时候，过分依赖权力还会让你的影响力大大削弱。虽然 500 年前，意大利古典政治家马基雅维利认为"被畏惧远比被热爱好得多"，但现在这已经不是一种主流思想了。因为权力的使用在许多人眼里都有明显的强迫意味。而前面我们也曾经对比过，强迫你的交际对象对于你影响力的成长与推广来说，绝对是一场灾难。那么，权力与影响力就是一对永远互相仇视的"冤家"吗？

在讲述影响力与权力的关系时，我们曾建议你运用权力帮助影响力快速增长。这就是一个很好的利用权力的途径。毕竟，如果权利和影响力没有互补可能的话，对于领导者来说，权力就是一个伤人伤己的双刃剑了！巧妙利用权力来辅助影响力，你就可以避免这种局面的出现。首先来看一个例子：

有一位公司高层管理人员到下面分公司视察。在出发之前，他对这家公司的资料进行了详细研究。手里有的资料他要记熟，没有的资料他也会找相关部门了解。

到分公司后，分公司领导安排他到车间视察。为了给上级留下好印象，分公司领导召集全体员工与他见面。占用休息时间被拉来"充门面"，员工们都很不高兴。

"您就是张工吧？您的技术发明可给公司作出大贡献了……""大家很累，我们还把大家召集到一起，真对不起！不过，为了让大家提出更多的意见，给大家创造更好的工作环境，咱们就都忍一忍，多多包涵！我先谢谢大家……"视察的这位管理人员在很短时间就与不情愿的工人们打成了一片。大家的心情也都由不满很快变成了尊敬：对分公司如此了解，为人如此谦和，这位领导真不错。

占用工人休息时间进行调查走访，这原本不是什么能扩展影响力的事情，相反还会让人产生不满——这很明显是权力优先的结果。可是这位管理人员用短短几句话就打消了人们的不满，还让大家对他产生了好感。这其中的原因就在于，他依托自己的权力，表现出了亲民、谦虚、体贴的态度。高高在上的权力和一系列低调的做法相互映衬，彰显了这位管理人员高尚的品格。这就是一个借权力提高影响力的例子。

从这个例子中我们可以发现，想做到权力和影响力的统一并不难，关键在于你要有一颗平常心。不因为权力而强迫别人，时刻保持低调、亲民的态度，这比你以普通身份现实"亲民"、提高影响力要有效得多！当然，这里介绍的仅仅是一种方法。早上三分钟，你要找出适合自己的利用权力提升影响力的方法。

◎ 第一分钟　不放弃权力，也不完全依靠权力

权力会让人有压迫感，但这不代表你要放弃使用权力，因为那样会让你提升影响力的效率大大降低。不放弃权力，也不完全依靠权力。早上第一分钟，你要对自己掌握的权力有明确的认识。

◎ 第二分钟　用权力让他人做喜欢做的事情

权力可以用来收买人心，这是扩张影响力的一个有效途径。能够靠权力为自己的影响力服务的人都知道，用权力让他人做自己喜欢的事情，效果最佳。早上第二分钟，你要让一天的工作安排，有不同的发布渠道。

◎ 第三分钟　用影响力要求他人做不喜欢的事情

在要求属下做不喜欢做的事情时，如果你用权力下达命令，就会令他们产生反感。所以在遇到这种情况时，你最好多使用影响力。你可以与属下进行商议，也可以多听听他们的意见。总之，这时候能不用权力就最好不用。

11. 培养非人格性影响力

在许多人心目中，个人影响力就是指品德高尚、魅力十足。如果详细分类，这不过是影响力的一种，人类社会学家将这种影响力称为"人格性影响力"。与之相对，就有"非人格性影响力"。人格性影响力可以帮助一个人获得旁人的追随与崇拜，非人格性影响力也能够起到类似的作用。甚至从某个角度来说，非人格性影响力的作用效果更为明显。

什么是非人格性影响力？它包含什么内容？请看表1-2所列的内容。

表1-2 非人格性影响力汇总

非人格性影响力种类	产生源泉	作用目标范围
创造性影响力	知识、智力与创造性思维	周围所有需要你创造力支持的人
组织性影响力	超强的协调能力和人际控制能力	一同协作活动的交际对象。比如朋友、同事
鼓动性影响力	前瞻眼光和语言组织能力	需要鼓舞、激励的特定人群
权威性影响力	某一方面的知识和专业技术	需要这些技术、知识帮助、扶持的人

从表1-2中我们可以看出，非人格性影响力就是指一个人在除个人人格之外拥有的，能够对别人造成吸引、影响作用的能力。一个享誉全球的发明家可以轻易获得别人的崇拜，哪怕他们从来没有见过发明家本人也是如此；一位组织协调能力超群、可以带领大家走出困境的人，也会轻易获得别人的信赖和追随；走进医院，一位医术高超的专家会让你心甘情愿听他的吩咐……这些人之所以能够

获得这样的信赖，就是因为他们拥有独特的非人格性影响力。

与人格性影响力相比，非人格性影响力往往会在很短的时间内让交际对象对影响力施用者产生依赖、信任的感觉。这与以往我们思想意识里，一个人需要通过自己的人格魅力长时间感染他人，才能获得崇敬完全不同。事实上，受影响者之所以心甘情愿接受影响，并不是因为施用者个人本身，而是他的能力。如果同一时期、同一地点，出现另外一个拥有同样影响力，而且能力还要远远大于前者的人，人们也就很容易另投他门。

人格性影响力可以帮助一个人获得长久的支持人群，而非人格性影响力则会让一个人在短期内获得认同。两者相比，在社会活动中后者更占优势。毕竟能够受你长期影响的人并不是很多。所以，一方面我们要着重培养自己的人格魅力；另一方面也要在非人格性影响力的培养上多下工夫。这样才会使你在与人相处时更加游刃有余。

早上三分钟，你要仔细思考自己该如何培养非人格性影响力。

◎ 第一分钟　查清自己有哪些非人格性影响力

知己知彼才能百战不殆。早上第一分钟，你要认真思考自己到底有哪些可供你使用的非人格性影响力。不仅如此，你还要知道自己还有哪些影响力可以获得进一步发展。有目标才有进步。

◎ 第二分钟　在你所处环境中，哪种非人格性影响力最容易发挥作用

不同的环境需要不同的非人格影响力发挥效力。比如，在一家工厂车间，专管技术的工程师更需要的是创造性影响力和权威性影响力，这也是能够帮助他巩固自己地位，获得上下级同事尊重的法宝。相比较而言，鼓动性影响力和组织性影响力对他就不是那么重要。所以，一方面你要清楚自己擅长什么；另一方面你也要知道什么对你更有作用。

◎ 第三分钟　夯实你所擅长的，培养你所短缺的

古希腊哲学家苏格拉底曾经断言："无论何时，人们最愿意服从的，都是那些他们认为最棒的人。"非人格性影响力有着非常强烈的对比性。比如，你的鼓动能力和语言表达能力不如竞争对手强，那么影响力就自然弱于对方。所以，要想让自己在某一方面处于上风，你就一定要不断加强在该方面的"功力"。知识可以进修，能力可以培养，口才可以锻炼。夯实你所擅长的，培养你所短缺的。早上第三分钟，你要对此有一个大致的规划。

12. 影响力的"链式反应"

人脉，这是我们最常挂在嘴边的词汇。一个人社会活动能力的大小，在很大程度上取决于他的人脉是否宽广。而他的人脉是否宽广，又与他的影响力大小密切相关。为什么你的周围有些人交际广泛，朋友众多？他们不仅本行业、本公司的朋友不少，而且还经常认识一些貌似"八竿子打不着"的朋友。与之相比，我们除了办公室里的同事和亲戚、邻居，几乎就不再认识什么人了……

物理学上有"链式反应"，你的个人影响力也有"链式反应"。之所以你的人脉远不如别人，就是因为你没有最大限度重视、发挥你个人影响力的"链式反应"功能。能够让影响力通过链式反应不断扩张、传播的人，自然就会有宽广的人脉。

首先让我们来看什么是"链式反应"。链式反应最早出现于核物理研究上。在核反应中，核反应产物之一又会引起同类核反应继续发生，并逐代延续进行下去。这就像是一个链条，一环接一环，环环相扣。在你发挥个人影响力时，你的作用对象会通过"口碑""介绍"等各种方式将你的这种影响力不断传播下去。如果你巧妙地运用这种影响方式，很快你的影响力就会到达一个远远超乎你想象的程度。

比如，你通过帮助、关怀等方式影响了一个同事，接下来，他就会在不知不觉中将你的这种影响力传播开去，如图1-6所示。

从图1-6中我们可以看到，你对同事的影响并不会到他这里就"止步"，而是不断向更远的方向扩散。扩散的结果就是获得丰厚的回馈。如果你给同事带来的影响是负面的，同样你收到的回馈也不

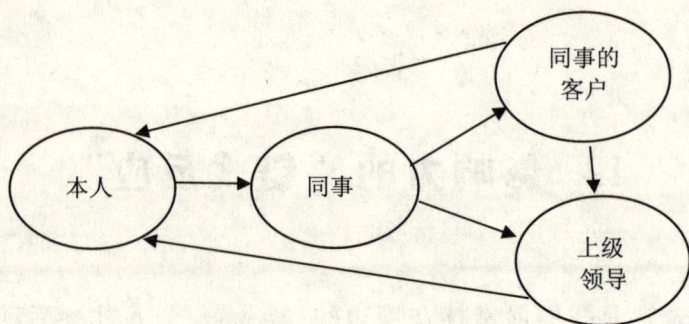

图1-6　影响力的链式反应及回馈效果

会令人多么满意。长篇小说《水浒传》里，宋江本人帮助过的人并不算太多，可是整个绿林草莽对他都很敬仰，原因就在于他运用了影响力的"链式反应"。

　　我们都知道在日用品销售界中非常有名的安利公司。从一家小小的日用品公司发展到现在这个全球知名的跨国公司，他们依靠的就是影响力的"链式反应"。

　　"我不要求你们马上卖出产品，但你们要让自己的口碑在朋友圈里不断传播。"这是一位安利地区销售总监在培训员工时说的话。的确，安利的销售人员并不以马上卖出产品为目的，他们更希望能够获得客户的认可，希望客户能够帮助他们推广自己的产品和服务。

　　笔者曾经在一趟列车上遇到过一位资深的安利推销员。这位推销员很健谈，但是在将近三个小时的旅途中，他却没有向我们推销任何一款产品，而是向我们不断介绍安利的理念，同时对我们的各种疑问进行解答。从直销运作模式到个人销售技巧，这位销售人员有问必答。在短短的旅途中，他给周围人留下很好的印象。临下车时，人们纷纷向他索要名片，而且承诺回去后向居住于这位销售员负责区域的亲朋好友推荐安利的产品以及这位推销员。

　　不主动推销产品，却能够扩大一个很可观的客户群——这位销售人员运用的就是"链式反应"。说服5位客户购买产品，哪里有说服5个人做他的推销员更有利于销售呢？要想注重影响力的链式反应，在早上三分钟里，你就要多多进行相关思考和锻炼。

◎ **第一分钟　找准推广自己影响力的"节点"**

渔网有关系连接的"节点"，链式反应也有。在你的人际网络中，如果有对你感觉良好，且交友广泛，热心、乐于介绍的人，你一定要多加注意。因为他们往往可以帮你创造出一大片影响力"受众"。在发挥影响力的过程中，你要学会把精力适当地向他们倾斜。第一分钟，你一定要把这些人从你的人脉库里找出来，想好相处的方法。

◎ **第二分钟　巧妙地让你的影响力在朋友间传播下去**

不管是央求介绍也好，暗示影响也罢，你都要让朋友、同事对"推销"你的影响力产生兴趣。"什么时候帮忙介绍一下？"类似这样的请求虽然看上去很不起眼，但它的作用却会超出你的想象。

◎ **第三分钟　打断负面影响的"链式反应"**

正面影响的链式反应作用超群，同样，负面影响的链式反应速度也会令你瞠目结舌。所以，一旦发现你对别人造成了不好的影响，一定要在第一时间将这个不断扩散的反应链掐断。

13. 慎重，影响很难单方面消除

"那有什么大不了的，实在不行给他道歉呗！"刚刚办了错事的同事说起该如何消除给领导留下的坏印象时，很"豪迈"地说。如果你是以这样一种态度面对自己造成的负面影响的话，很快你的影响力就会降低到一个令人担忧的地步。一个人造成的影响很难单方面消除，不管这种影响是正面的还是负面的。

2010年下半年，娱乐圈里爆出了一个大大的负面报道：某著名相声演员纵容弟子殴打记者，而且还拒不认错。也许这位演员一开始并没有想到他的这一系列举动会造成什么样的影响，但随着网络、媒体、群众的一片声讨，他发现自己造成的负面影响有些超出其承受能力了。无奈之下，他只得开始试图消除影响，道歉、承认错误……问题是，对于消除负面影响难度之高，他还是没有估计充分。

对于自己造成的负面影响，许多人都曾经试图纠正、弥补，甚至消除，可是这些人大多没有如愿以偿。一般情况，事情的发展都如图1-7所示。

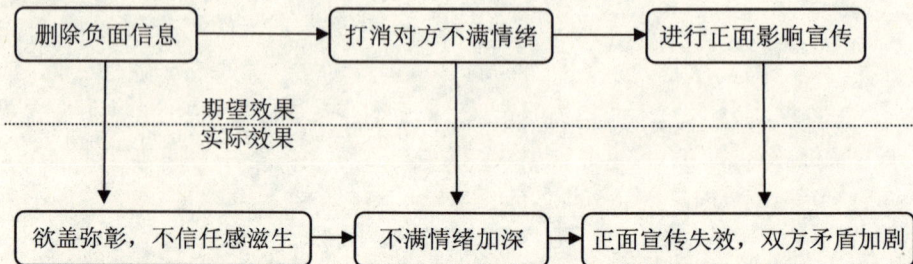

图1-7 消除负面影响操作结果对比

消除负面信息是第一步；安抚受害者，打消其不满情绪是第二步；紧接着就要进行一系列正面宣传，以挽回自己的形象。某相声演员是这样做的；几年前"三鹿毒奶粉"事件也是这样做的；再往前"苏丹红事件"等都是这样做的。可实际效果都不尽如人意，负面影响仍然存在。

我们前面曾经讲过，影响力和影响结果都有长期留存的时空性。要想让一种影响马上消失，哪怕做得再多再好，也不容易。不要说类似相声演员这样处置不当的挽救措施，就是一些世界知名大公司坦诚道歉、不惜血本召回产品的补救措施，作用也都有限。所以，我们在对外界施加影响之前，一定要考虑这种影响力会造成什么样的后果，是不是会产生难以消除的负面影响。避免与预防，才是应对负面效果的最好方法。

早上三分钟，你要想好自己的影响力会产生什么样的后果。

◎ 第一分钟　告诉自己：影响力要慎重使用

不是只有影响力大的人才会造成负面影响。常听许多普通人开玩笑说："谁知道我是谁啊？"在他们看来，自己的影响力非常微弱，所以哪怕造成了负面影响也不是特别要紧。这种认识非常错误。不管你的影响力小到什么程度，在你的生活、工作圈子里，它都会对你的发展造成影响。刚刚上班的人要面临"四两拨千斤"的重担；在单位获得一定地位，有一定话语权的人也要负有"定海神针"的责任。所以，无论什么时候都不要小看自己的影响力。重视自己的影响力，你就会慎重使用它们，负面影响自然也就会少许多。

◎ 第二分钟　三思而后行

与人相处，处理事务，你的影响力都会造成一定后果。今天你无意间在别人面前批评了一个新同事，明天新同事不为上级看重的小道消息就能传遍整个公司。所以，不管是刻意使用自己的影响力，还是无意间对别人造成影响之前，你最好都三思而后行。养成把要说出口的话先在脑子里转个圈的习惯，你就会少吃很多"后悔药"。

◎ 第三分钟　尝试从对方的角度消除负面影响

负面影响大多是影响施用者给对方造成的。所以，要想消除它，仅仅自己下工夫还远远不够。你要尝试从对方的角度考虑，消除这种影响。在具体措施上，你要思考那些补救行为是不是从对方需求角度出发。不要光想着如何才能给自己降低损失，对方的损失降下来了，你的负面影响自然也就减轻许多。

14. 做一个"要有影响力的人"

人与人之间的交往，其实也就是双方影响力的较量。影响力强过对方，你就会在一定程度上左右对方的行为及思想。相反，如果对方强过你，你也就更加容易接受对方的观念。能否在工作、生活中占据主动，让你的社交对象为你所影响，关键就取决于你影响力的大小。

我们已经知道了影响力的概念，明白了它的作用，接下来，你就要知道该如何获得影响力。"要做一个有影响力的人"，也许这是你的第一想法。在此之前，我们建议你先做一个"要有影响力的人"。

要想获得金钱，你首先要让自己在思想上对金钱产生渴望。其他诸如权力、名望等，都不会从天上掉下来。你要先渴望获得它们，然后才会有动力，才会有主动追寻的行动。影响力也是如此。要想获得影响力，你就一定要让自己成为一个这样的人。

通过图1-8，你就能很清楚发现获得影响力的步骤和途径。

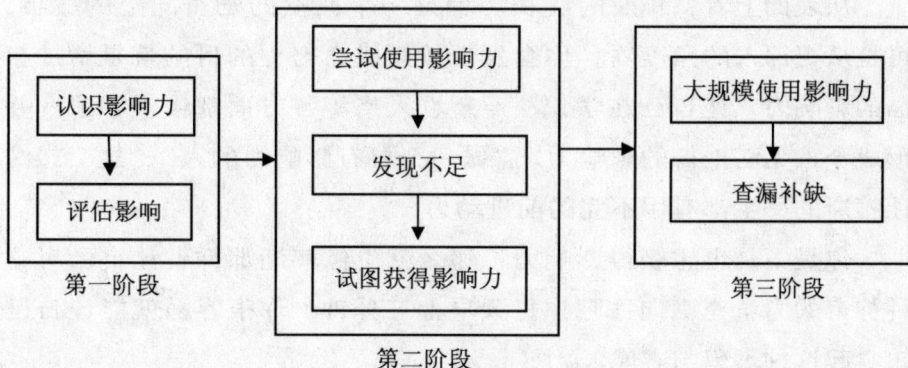

图1-8　影响力的培养发展方式

从认识影响力、认识自我，到有针对性地锻炼影响力、使用影响力，这个过程中一直起推动作用的，就是你做一个"要有影响力的人"的思维认识。这个认识会给你带来巨大影响。

在康多莉扎·赖斯很小的时候，她就品尝到了身为黑人的苦涩。10岁时，赖斯跟随父母到华盛顿游览，却因是黑人，不能进入白宫参观。小赖斯倍感羞辱，凝神远望白宫许久，然后回身一字一顿地告诉父亲："总有一天，我会成为那房子的主人！我会影响整个美国，让它发生变化。"

让自己成为别人的主宰——这个理念几乎贯穿了赖斯的一生。学生时代，赖斯就以勤奋、拼搏而著称校园。赖斯精通钢琴，还曾获得美国青少年钢琴大赛第一名；此外，她还专心学习了网球、花样滑冰、芭蕾舞、礼仪。19岁那年，赖斯大学毕业。7年以后，她又获得了博士学位。精通英语、俄语、法语、西班牙语四门语言的她，成为斯坦福大学的助教，专攻苏联的军事事务。

2000年美国大选，赖斯作为共和党总统候选人乔治·沃克·布什的首席对外政策顾问，为他出谋划策。在此期间，她曾创下连续数天不休不眠的工作纪录。布什当选总统后，赖斯被任命为总统国家安全事务助理。2005年1月，赖斯成为了美国历史上第二位女性国务卿，第一位黑人女性国务卿！

从表面上看，赖斯的成长历程是一个典型的勤奋向上的故事，可是从更深入的角度看，你会发现赖斯拼命努力的目的就是增加自己的影响力，让自己在学识、声望、人格等各方面都慢慢积累，并形成令人无法抵御的影响力。"做一个要有影响力的人"，这个想法让赖斯的一生都有用不完的前进动力。

你是不是也想获得影响力？那么就也像赖斯那样，让自己对这种神奇的力量充满向往吧！每天早上三分钟，你很容易就能让自己树立起这种理想与志愿。

◎ **第一分钟　告诉自己：我可以让自己变得有十足的影响力**

作为一种动力性思维，首先你要给这种思维注入自信。不相信自己能够影响别人，不认为自己能够拥有影响全世界的能力，赖斯永远也不会有今天的成就。所以，要想让自己也为这种精神所激励、鼓舞，你一定要告诉自己，你能行。不管这种做法是一种自我催眠也好，还是自己给自己打气也罢，只要能够让你拥有加强自我影响力的信心，就足够了。第一分钟，先在心里对自己默念三遍："我可以让自己变得有影响起来。"

◎ **第二分钟　告诉自己：我已经有了不小的成就**

第二分钟，你要简单回顾一下自己已经取得的进步。比如，你最近在哪一方面有了明显的进步，在哪方面让你的同事、伙伴另眼相看。不必回顾太多、太久，只要能够给自己一个鼓励，让自己对前一段时间的做法有一个大致的总结就可以。

◎ **第三分钟　告诉自己：我的影响力还不够**

告诉自己，你做的还不够，然后给自己一个短期目标——哪怕是一天的目标也可以。

第二章

自我管理

要想影响别人,首先影响自己——
这是"正人先正己"的最好注释。在提
升影响力的过程中,实现自我管理是我们
首先要达到的目标。好的心态与思想品德、
时间管理、情绪调控、目标管理等相结合,
可以让你在影响力发挥方面大大获益。

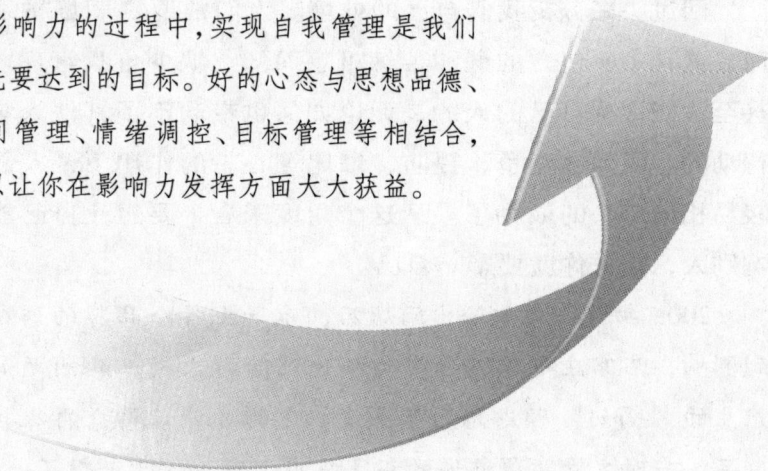

1. 第一影响目标是自己

中国有句古话叫"己所不欲，勿施于人"。想发挥个人影响力，对自己周围的人造成影响，其关键点不在于如何靠花言巧语说服对方，而在于能否以身作则，带动对方。当然，依靠语言技巧说服对方也不是不可以，但在影响力发挥的过程中，它还不是最好的方法。举个最简单的例子，几十年前，在大庆油田建设过程中，如果不是"铁人"王进喜带头跳入泥浆池，任凭他说破嘴皮，恐怕也不会有几个人这样做。

回过头来分析我们自己的处境。人们常说"职场拼杀"如何如何，这其中所包含的酸甜苦辣可想而知。缺少自我管理才能，自己甚至不能影响自己的人，是无论如何也带动不了其他人与自己一起行动的。因为在竞争、提防、攀比等心态的作用下，人们已经很少轻易相信口头的鼓励了。从这个角度来看，要想让自己能够顺利影响别人，首先你就要影响自己。

2008年，三鹿奶粉出问题后，市场上各个品牌的奶粉声誉都受到影响，石家庄市各级领导为如何消除群众因三鹿问题奶粉事件而产生的"喝奶"顾虑愁白了头发。怎样才能让群众再次接受国产乳制品？当时主管商贸流通的石家庄市副市长张殿奎想了一个好办法。

9月25日，张殿奎带领石家庄市工商局、质量技术监督局、商务局等相关部门负责人，来到了石家庄市最繁华的"先天下"购物广场。当着无数市民的面，他仰头喝下了一大杯纯牛奶。接着，各单位负责人也纷纷效仿，把手中品牌各异的牛奶全部喝下。在场群众纷纷叫好。

与此同时，一些事先联系好的牛奶企业，也当场举办了"试吃"活动。各个品牌的乳制品生产企业，将各自生产的纯牛奶免费提供给过路市民品尝。现场气氛一片大好。

面对"毒"奶粉事件的巨大阴影，想说服别人饮用牛奶，最好的方法就是自己带头。张殿奎用自己的身份地位"作保"，首先来了一个"自我影响"。他说服自己饮下了当时饱受怀疑的牛奶，然后用自己的影响力与其他政府部门领导一起，给了广大市民一个"安心"的提示。可以说，他打了一个漂亮的自我管理、自我影响、自我带头的影响力扩张"战役"。事实证明，他的做法是有成效的。此后相当长的一段时间里，石家庄市的牛奶销售"寒冬"出现了回暖的趋势。

卓有成效的自我管理、自我影响是一个人走向高影响力、高带动力的必由之路。想在人格上扩大影响力，你首先就要约束好自己的行为，做一个品德高尚的人；想在知识、技术上占据权威地位，你就要努力学习，让自己不断进步……要想提高影响力，首先你就要约束、影响自己。否则，"己所不欲，却施于人"的结果必然是让自己的影响力一落千丈。近几年来中国消费市场连续出现关于"毒奶粉"卷土重来的报道，令中国国产奶制品企业集体陷入"信任危机"，这就是国产奶制品企业不知道先进行自我控制、自我影响的结果。

早上三分钟，你要把影响的目标首先对准自己。

◎ 第一分钟　要别人做到的，自己首先做到

每天早上，你都应该对自己今天的工作有一个大致的规划：你想让哪些人做到哪些事。在规划这些工作的同时，你最好先给自己提一个醒：这些事我要先做到。自己能够做到，再要求别人自然就非常容易。比如，你要求秘书做到写好文件校对三遍，可要是你自己写的东西都漏洞百出，你在提要求的时候还会理直气壮吗？至少，不会让对方对你表示钦佩。

◎ 第二分钟　自己做不到的，和别人一起努力

如果你必须要求别人做你自己也做不到的事情怎么办？第二分钟你就要想一想办法，让对方知道你也在与他一起努力。也许你要求属下在最短的时间拿下 MBA 会让对方感到为难，可是如果你是和他一起学习，那么他的怨言就会大大减少。

◎ 第三分钟　给自己提一个更高标准的自我约束目标

别人之所以会受你影响和感染，很大原因是因为你做得比他们好。带头的效果永远令人称道，所以早上第三分钟，你要给自己提一些高标准的自我约束目标。比别人做得好，你才会显得与众不同，才会获得别人的尊敬与效仿。

2. 自我控制能力

要对他人造成影响，首先要加强自我管理；要想加强自我管理，就必然要提高自我控制能力。这就像是一个打球的过程，不能有效控制自己挥舞球杆，球自然不会按照你想象的轨迹去运动；不能实现自我控制，你的影响对象自然也就不会听从你的安排。

自我控制能力（简称自控能力）是人类一种重要的自我意识，是一个人对本体心理、生理、行为活动的主动掌握能力。它不像有些人想象的那样，仅仅是对自己行为的控制，其他类似心理活动、心态反应、生理现象等都应该受其约束。

之所以一再强调控制力是影响他人的基础，是因为要想从自我主观需求方面影响他人，就需要让你的意识有一个不断升级的过程，如图 2-1 所示。

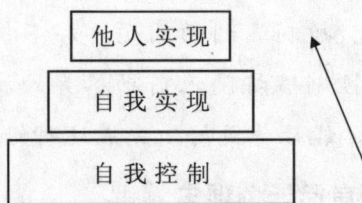

他人实现

自我实现

自我控制

图 2-1　从"自我控制"到"影响他人"的历程

第一步自我控制是自我控制能力作用发挥最强的一个阶段，是基础的阶段；第二步我们还会从中看到大量的自控能力发挥作用的痕迹；第三步则是在前两步基础上实现最终目的的技巧性活动。没有基础，再好的技巧也发挥不了应有的作用。

"成为一个出类拔萃的领导者是我的目标。我一直要求自己在工作和生活的各个方面都有过硬的素质，因为我觉得领导者必须成为所有成员的理想楷模。"这是日本本田公司创始人，本田宗一郎晚年在他的回忆录中提及的一个管理秘诀。

汽车修理工出身的本田宗一郎经过多年的奋斗，终于成为闻名世界的机动车生产"大鳄"。在旁人看来，他已经到了可以看着别人工作的地步，可是本田宗一郎却不这样认为。每当有什么重活、苦活，他总是身先士卒地冲上去。享受对于他来说是一个遥远的词汇，与员工同甘共苦才是本田宗一郎的习惯。

"我时常告诫自己，不要对自己放松，因为全厂工人都在看着我！"本田宗一郎这样说道。在他的影响下，本田公司的员工都养成了高度自觉、艰苦工作的习惯。

本田宗一郎的例子证明，对一名希望在职场中增强个人影响力的人来说，自我控制能力的重要性不言而喻。接下来你要考虑的，就是如何提高这种控制力。每天早上，建议你都用三分钟完成下列活动：

◎ 第一分钟　思考自我控制内容

想一想自己必须控制哪些内容。自我控制能力的锻炼不是一个盲目的、随意的过程。控制迟到的问题，却不控制早退的现象，这种疏忽会让你的自我控制锻炼陷入前功尽弃的境地。知道自己应该控制哪些方面的内容才能让你更好地完成这种修炼。

◎ 第二分钟　给自己一个理由

给自己一个强迫自我控制的理由。寒冷冬天的早晨，你十分不想从被窝里爬起来，这时你可以这样告诉自己：我迟到也就意味着员工会像我一样迟到……强迫自己虽然看上去很残酷，可是这对养成高度自我控制力非常有效。

◎ 第三分钟　不要对别人造成压迫

反思自己的自我控制是不是对别人造成了压迫。

与前两点相比，这是一个需要特别注意的误区。"我做到的你们就也应该做到"，许多管理者潜意识里这么认为。这种意识的产生，是因为他们将自己放在了更高等级的身份位置上。自我控制的确是影响下属或其他人的基础，但如果把这种控制延伸扩展到被管理人员身上，就很容易形成强迫影响的效果。显然，这种效果不仅对提高你的影响力无益，而且还会起到明显的反作用。

自我控制能力的养成需要一个过程，经常锻炼才会获得最好的效果。

心理学家认为，自我控制能力是一种可以通过多次重复养成的良好习惯。也许在一开始，你对这种自我约束非常反感、非常紧张，但随着自我约束次数的增加，这种控制行为会变得更加容易完成和保持。

3. 有好态度才有好影响力

成功学大师哈瑞尔教导我们："态度决定一切。"短短几个字，道出了一个人成为成功者的最关键因素。据一家权威机构调查，有80%的人因为有良好的自我态度而获得成功；有13%的成功者将功劳归于自我修炼的"技巧类"因素；只有剩余7%的人是因为运气、环境等客观因素造就的成功。同样，在个人影响力方面，态度也是决定性因素之一。好的人生态度和坏的人生态度对你的影响力成长所起到的作用相差甚远。

有一个曾经非常成功的创业者，他24岁离开校园开始了自己的创业历程。在最初的几年时间里，他奋发图强，对前途有着令人羡慕的乐观态度。他坚信，凭借自己的能力和坚持，他一定可以获得成功。在他的带领下，几个一起创业的伙伴们从来不知道什么叫累，什么叫苦，什么叫难。在他们的面前，所有艰难险阻都不过是一时的考验罢了。果然，创业第三年，他们就从当年的一穷二白变成了拥有数百万元资产的成功者。

2008年，随着奥运会的开幕，已经在商海折腾四五年的他期望自己能够再上一层楼。可灾难却在这时候降临到了他的头上：利用他急于求成的心态，一伙骗子骗走了他几乎所有的流动资金。他备受打击，一时间陷入不能自拔的悲观失望之中。

看着作为领头羊的他如此沉沦，伙伴们焦急万分。拉他出去旅游、散心，为他找新的客户，鼓励他重新振作起来……可不管伙伴们怎么努力，他的态度始终没有好转。最后，在大家失望的眼神中，这家公司散伙了。2010年，已经慢慢恢复的他从头再来。得知这个消息，看着又一次精神百倍进军市场的他，伙伴们纷纷归来——重整旗鼓在他们眼里不是遥不可及的梦想。

这是一个真实的案例，主人公的姓名我们不便透露，可是案例中所透出的道理却不能不重视。为什么他在创业初期一穷二白的时候，能够吸引众多伙伴的加盟，在后期仅仅是被骗一次，公司还能够维持运转，人们就纷纷离去了呢？原因就在于他的态度由积极转为了悲观。

积极的态度能够使一个人思维敏捷，充满活力。这种情况下，他获得事业、人生的丰收就顺理成章。不仅如此，乐观的态度是可以"传染"的。所有与他在一起的人，都会不由自主受其影响。当乐观成为一个团队的主流时，他们所能迸发出的激情和活力绝不容小视。所以，拥有好的态度的人往往能够获得积极而有优势的影响力。相比较而言，那些灰色、黑暗的人生态度则会给旁人带去不好的影响。久而久之，自然就没有人愿意继续与他为伍，更不要说受其影响了。

各种态度能够给一个人带来不同的影响力。即使同为正面人生态度，它们对个人影响力发展所能产生的作用也各不相同。图2-2是我们所做的简要分类，以提供更直观的展示。

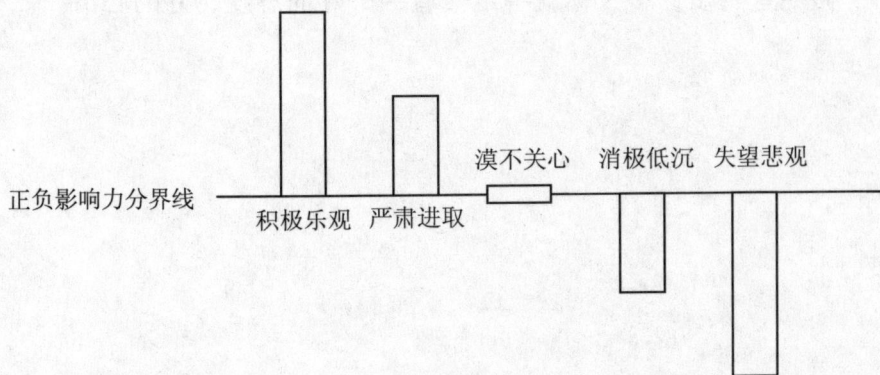

图 2-2　五种常见态度影响力对比

从图 2-2 中可以看出，越是积极进取的态度越能够给个人影响力发展提供帮助，相反，悲观消极的态度则会给影响力发展带来灾难。早上三分钟，你要调整好自己的心态，让它们能够为你的影响力发展提供助力。

◎ **第一分钟　先做一个面部肌肉操，让脸上充满笑容**

早上第一分钟，建议你按摩一下脸部肌肉，做一个面部肌肉操，练习一下笑容。以往的经验证明，经常有意识锻炼微笑的人更容易获得好的心态。

◎ **第二分钟　从昨天的不快中找到一些乐观的方面**

把昨天的不愉快抛之脑后，你今天才能有一个乐观的态度。如果早上你发现自己还对昨天的某些负面事情记忆犹新，建议你在第二分钟把它们抛之脑后。也许完全忘掉不可能，但从不快中找一些乐观的方面还是容易做到的。

◎ **第三分钟　想一想今天工作能够获得的成果，你会充满活力**

当一个人对未来的生活充满希望的时候，他的态度就会不由自主地好起来。所以早上第三分钟，你要驱动自己展望一下今天即将获得的收获。

做完这三步，今天你就一定会有一个好的态度，好的心情。

4. 建立自信心

刁祥是一家贸易公司新招聘的销售员，他对自己的销售技巧和销售的产品都充满了自信。为了让自己能够在公司尽快站稳脚跟，他对公司之前的客户进行了一次细致的分析，然后选出其中的20家作为自己的目标。值得注意的是，那20家公司都是其他业务员谈过，但不成功的公司，刁祥相信自己能行。

不打无准备之仗，在对那20家公司做了细致调查后，刁祥开始行动了。第一天，他谈成了1家，两周后又谈成了5家。一个月之后，除了一家公司坚决拒绝以外，其余19家公司都成了他的合作伙伴。第二个月，他没有去寻找新客户，而是继续去拜访那家拒绝他的公司的经理。虽然那位经理依然表示拒绝，可是刁祥丝毫不动摇。第二天，他又去了那家公司。经理仍然没有同意。此后，刁祥每天都去。

转眼一个月过去了，已经有些不耐烦的经理终于说："浪费这么多时间在这里，你觉得值得吗？像我们这样的公司有很多，你没必要死守住我们不放。"刁祥说："我没有浪费时间，因为我相信我们的产品，你们会需要的！"经理愣住了，他心理的防线一下子就被刁祥攻破。很快，刁祥就拿到了那家公司的订单。

这个故事乍一听是刁祥死皮赖脸"磨"下了订单，可事实上却是他用自己的自信影响了客户的想法，最终打开了对方的心理防线。一个人的自信就是有这样神奇的作用。

作为一种思维活动的外在反映，自信可以让所有与你接触的人都为你所感染、所影响。因为坚信自己可以有一番作为，对自己充满信心的人大多是积极向上、内心强势的人。他们会有一种发自内心的使命感和领导欲望。即使现在没有这种地位，他们也会在不经意间流露出类似的气质。与那些没有信心、内心世界软弱的人相比，他们更知道自己的目标是什么，在行动中也会更加脚踏实地、毫不动摇地坚持下去。困难、艰险不会令他们却步，更不会让他们低头。这样的人怎么可能不被别人所认可，别人又怎么会不被他们所影响呢？所以，要想成为一个有影响力的人，你就一定要成为一个自信的人。

自信心的建立并不困难。只要你从五个渠道着手锻炼，就很容易获得这种宝贵的财富，具体如图2-3所示。

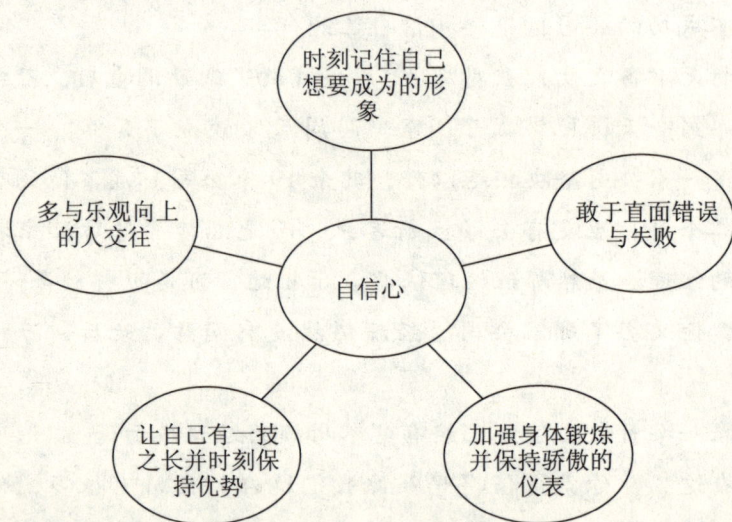

图2-3　自信的五个养成渠道

在这五个渠道中，既有对自己的锻炼，也有面对困难时的态度；既有获得自信的捷径，也有长期培养的环境要求。只要你能够坚持不懈地遵循这些渠道前进，你就一定能够品尝自信给你带来的甘甜，影响力也会在此过程中慢慢壮大。当然，如果你能够在早上三分钟巧妙地将自信心与影响力做一个结合锻炼，自信对你影响力提高的帮助作用会更加明显。

◎ 第一分钟　提醒自己，你有能力影响别人

有信心能够影响别人，这也是自信心的一大表现。"我怕我不能说服同事……"当你有类似这样的想法时，你的自信心和影响力就会双双亮起红灯。早上第一分钟，你就要告诉自己，你有信心、有能力影响别人！这个自我暗示也是令自信心、影响力发挥最大作用的法宝。

◎ 第二分钟　找到用自信影响他人的技巧

自信心本身就是影响他人的一种利器，关键要看你能否灵活使用它。比如，当你的同伴对某一件事情感到畏惧、犹豫的时候，如果你能够非常自信地告诉他，"你能够成功"，那么他大多时候都会对你产生信赖和依靠的感觉。这就是一种技巧。类似这样的方法，你要多掌握一些！

◎ 第三分钟　用影响力的效果促进自信心的进步

自信心可以促进一个人的影响力，同样一个人的影响力也能促进自信心的进步。每天早上，你都可以回味一下获得某个很有实力的人支持时，你心里产生的激动。这也是一个反过来促进自信心的好办法。

5. 提高可信度

要想影响自己、管理自己，仅仅自己对自己有信心远远不够，你还要让别人对你有信心。或者说，你要让别人相信你说的每一句话。

多年经验证明，一个人可信度的高低对他的工作、生活等各方面都有深远影响。因为只要生活在社会中，你就不可避免要与旁人打交道。而能否取得旁人的信任，也是决定你是否能够换得他人响应、回馈的关键因素。一个人的可信度高，别人在与他交往时，就少了许多戒备；他想要影响别人，别人也会没有压力地受其影响。相反，如果一个人总是以欺诈、奸猾的面目示人，那么互信互惠的局面就永远不可能出现，更别提让别人毫无保留地受其影响了。古往今来，那些有着强大影响力的人都是可信度很高的诚信人士。相反，可信度低的人往往不被人所重视。

2011年春节联欢晚会，黄宏、陈数、孙涛、凯丽表演了一个寓意深刻的小品：《"聪明"丈夫》。小品里，黄宏是一个销售状元，刻苦工作的干劲儿和忠厚的为人让他赢得了孙涛、凯丽等人的一致拥护。可是，在房产重奖的面前，他却选择了欺诈，而不是诚实。在经过一系列阴差阳错的搞笑经历之后，众人发现原来黄宏撒谎欺骗了大家。结果很悲惨，"聪明丈夫"的"铁杆"追随者们纷纷离他而去。而孙涛在离开之前，更是说出了"我看不起你"。

"聪明丈夫"的人际影响力为什么一下子下降那么多？就是因为他没有珍惜自己的可信度。一个人失去了诚信，他的影响力马上就会大幅下降，因为没有人敢再相信他。不为人所信任，影响力又从何而来？此外，在小品中还有一个场景很值得我们回味。

黄宏扮演的"聪明丈夫"希望通过假离婚来获得重奖的房产，可是最后他的老板却把重奖给了黄宏的竞争对手。原因就是，一个不能忠于家庭的人，也不会忠于公司。

很多时候，忠诚也是可信度的另一种表现形式。一个人不忠于他的事业，不忠于他的朋友、上司和下属，哪里会忠于自己的诺言？仔细体会，《"聪明"丈夫》这个小品自始至终都在告诉人们一个道理：要想获得成功，赢得别人的信赖和爱戴，你就一定要讲诚信，一定要提高自己的可信度！通过图2-4，你可以更直观地了解个人可信度与影响力之间的关系。

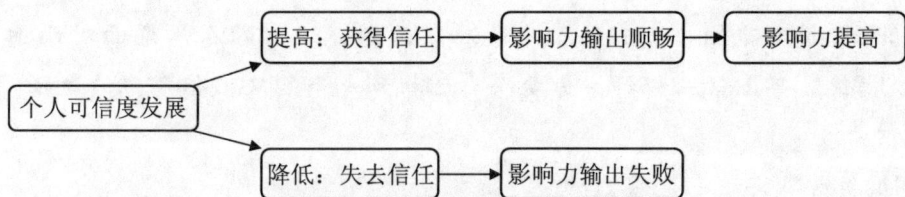

图2-4　可信度不同变化对影响力的作用

可信度与影响力有着因果互动关系。图2-4仅仅展示了可信度的不同发展方向对影响力的作用结果。不仅如此，影响力的不同走向也会反过来影响一个人的可信度。努力实现两方面的共同提高，这样你会在诚信和影响力两方面获得双丰收。早上三分钟，我们帮你实现这一目标。

◎ 第一分钟　坚持诚信为本

坚持诚信为本是一个人塑造可信度的基础和前提。没有诚信为本的精神和自我约束，你永远无法在别人面前树立起较高的可信度。诚信为本可以表现在许多方面，比如现在许多人跳槽时不告而别，这就是对诚信的一种践踏。早上第一分钟，你要仔细思索一天的工作，找出可能危及诚信的方面，小心避开它们。要知道，诚信是一个需要你小心呵护的珍宝！

◎ 第二分钟　考虑你要影响的对象的感受

可信度的高低不仅和你自己是否讲诚信有关，也与你要影响的对象的感受相连。很多时候你觉得自己做得很好了，可是你却没有考虑对方的接受能力，以至于最后产生误会。所以，要想让你的可信度在他人心目中不断攀升，你要兼顾他人的感受。比如，公开、公平、公正地让对方参与到某件事情中来，远比你关上门自己保持诚信要好得多。

◎ 第三分钟　找到适合自己的解决诚信危机的办法

每个人都会面临诚信危机，因为误会并不会因为你的正直而不产生。所以，你要找出适合自己的解决诚信危机的办法。比如，有的人喜欢坦诚相告，有的人喜欢私下沟通，还有的人愿意面对面承认错误。早上第三分钟，你要给自己找到一条解决诚信危机的途径。

6. 自我思维控制

行动好约束，思维难控制。谈到影响力成长，许多人都觉得这与他自己的思维控制没什么关系。事实上，一个人的思维运转情况，会直接影响他的影响力的成长与发挥。原因很简单，思维决定他的行为，行为决定他的影响力。

该怎么控制自己的思维呢？什么也不想，还是尽量少想？错！正确的方法是，你要尽量让自己的思维变得开阔起来。不管是思维涉及的领域还是思维的运作方式都是如此。因为开阔的思维会启迪你的智慧，会带动你与周围的人一起发展、进步。思维控制的控制对象，不是越来越活跃的思维，而是死气沉沉、毫无建树的思维。激活你的思维，你就会变成一个思维活跃的人，一个受人尊敬与追随的人。那么，常见的思维模式都有哪些呢？如表 2－1 所示。

表 2－1　思维运动模式总揽

思维运动模式	思维运动特征	优缺点
点状思维	只从一点看待某一事物或者对事物只看表面而不深入核心	不懂得具体问题具体分析，僵化的"拿来主义"
线性思维	单一，直线型，变化少的思维模式	最常见的思维模式，缺点是不懂灵活变通
发散思维	又称"放射思维"，思维运动呈扩散状态	视野广阔，想象力丰富，如"一题多解"等
逆向思维	又称"求异思维"，是对人们习惯的认识、定论进行反向思考的过程	利于更全面认识事物，反其道而行之
侧向思维	从人们正常思维模式的侧翼进行旁观式思索	获得另一角度观察结果，如"当事者迷，旁观者清"

在表 2-1 中，我们大致总结了五种思维模式。前两种是最常见的，但效果并不算特别好的思维模式；而后三种则是效果明显，更容易获得旁人注意、钦佩的模式。我们的思维控制目标，就是从前两种模式的禁锢中解脱出来，学会使用后三种模式。

2004 年，时任清华紫光总裁的李志强突然宣布，清华紫光要走自己的路——挥出"三板斧"：进军台式电脑、重点出击扫描仪、对笔记本电脑实施分类设计。消息传出，业内人士一片哗然。因为当时的电子市场走势明显：电脑台式机、扫描仪市场日益低迷；笔记本电脑的研发方向也大多集中于大众化和普及型上。这种状况与李志强的"三板斧"完全相悖。逆潮流而动，李志强就不怕一下子让清华紫光万劫不复吗？

李志强的详细实施过程不再多说，可是其成果却非常显著：2004 年，清华紫光台式机销售量突破 16 万台，库存周转仅为 21 天，其台式机品牌一举冲进了中关村十大品牌，并位居第五名；扫描仪上，他们此后连续多年在国内扫描仪市场销售量排名第一名；至于笔记本电脑，他们更是凭借女性笔记本"月光百合系列"、学生笔记本"本本族系列"等与众不同的分类笔记本，在竞争中脱颖而出。李志强的个人声望和影响力在集团内部和行业间一时大涨。

李志强的"三板斧"就是一个运用逆向思维最好的例子。虽然他的初衷并不是增强个人影响力，但从最后结果来看，这种思维的运用还是让他在影响力发展方面大大获益。早上三分钟，你也可以像李志强那样运用巧妙的思维模式来增强自己的影响力。

◎ 第一分钟　检查自己是否有思维定式

思维定式是指一个人常喜欢仅用一种思维模式来思考、看待问题。不管你具体常用的是哪一种思维模式，单一使用都不是好办法。所以，早上第一分钟，你要检查自己是不是有这种情况。如果是，那么你就要加强其他思维模式的学习了！

◎ 第二分钟　别让偏见思维掌控头脑

偏见思维与思维定式相比危害更为明显。因为偏见思维的后果往往是思想偏激，不能接受更多新鲜事物和新思想。早上第二分钟，哪怕自己再不愿意，也要从更多角度去思考问题、认识问题。告诉自己，再坏的事情也有好的方面。

◎ 第三分钟　尝试使用高效率思维模式解决过去的难题

各种思维模式都有其特点，所以，在思考问题遇到障碍时，你应该尝试使用高效率的模式。早上第三分钟，你可以趁头脑清醒时用各种高效思维模式去思考以往的难题，也许你会就此获得一个完美的契机！

7. 自身品德修养

在自我管理的内容范围里，品德修养一直是一个重中之重。因为一个人如果想获得旁人长时间的支持，令自己的影响力永久性地发挥作用，就必然要在品德修养方面下工夫。你能够想象一个不知节制、懒惰贪财的人会带领自己周围的同事一起为某个光明的目标而奋斗吗？可以说，优秀的影响力发挥者都会严于律己，率先垂范。

具体的操作方面，你要从实际出发，取长补短。让自己在周围同事、伙伴心目中逐渐树立一个品德高尚、公道正派、言行一致、严于律己的形象。

曾经在日本麻生内阁担任消费者担当大臣的野田圣子，是日本历史上为数不多的女性内阁成员之一。她之所以能够获得那么多人的拥护，就是因为她有着非同一般的品德修养，人格魅力是她成功的关键。据她回忆，自己能够有这样的成就，完全归功于她年轻时的一次学习经历。

1983 年，刚刚大学毕业的野田圣子，进入著名的东京帝国饭店工作，她对自己的未来充满信心。可令她失望的是，她的第一件工作是洁厕工，这让野田圣子非常不能接受。

野田圣子的不情愿很快被一位前辈发现了，他什么也没有说，只是默默地蹲在圣子身边，拿起抹布一遍又一遍地认真擦洗一只马桶。擦完之后，前辈从洗净的马桶里舀出一杯水，像喝饮料一样自然地将它喝了下去。野田圣子惊呆了。从那以后，野田圣子就开始注意培养自己踏实工作的责任心。触类旁通，在其他品德修养方面，她也不断进步着。谦虚待人，工作认真，勤俭努力，自我严格要求……终于，几十年后她攀登上了事业的顶峰。

野田圣子的影响力在全日本可谓有目共睹。可我们也有理由相信，哪怕是在她成为内阁成员以后，她也不会忘记那位前辈给她上的宝贵一课。一位真正的影响力发挥者，会依靠自己的人格魅力和优秀品德在周围人群中形成一种向心力、吸引力、感召力。野田圣子为前辈所打动，此后她也让自己拥有了这种魅力。看过这个小例子，如果对野田圣子拥有的影响力和成就感到羡慕，你也应该学习、拥有这种魅力。

在提高自身品德修养的过程中，有几个方面你要多加注意。它们往往缺一不可，如图2-5所示。

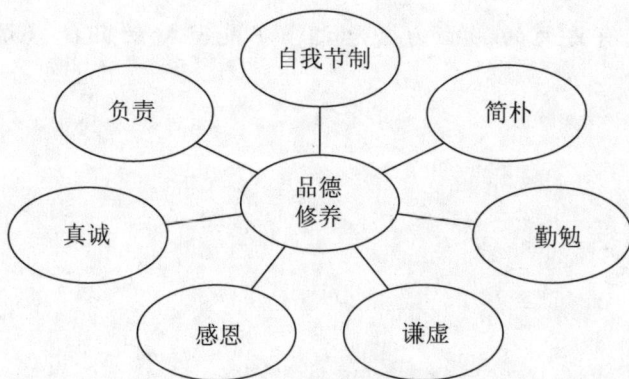

图2-5 品德修养应注重的方面

我们这里提出的品德修养七个分支，基本涵盖了一个人从自我约束到奋发图强的各个方面。只要你能够按照图示对自己的品德修养现状进行反省、培养，就一定能够让自己身上慢慢拥有令人炫目的人格光华。早上三分钟，你要在品德方面加强修炼。

◎ 第一分钟 查漏补缺

与很多自我管理方面相似，自身品德修养修炼的第一步也是查漏补缺。发现自己的弱势项目，才能够有针对性地补救改正。比如，有些年轻人有奢侈浪费的不良习惯，那么他要想让自己做得更好，首先就应该认识到自己这个缺点。

◎ 第二分钟　为自己设立学习目标

品德修养修炼需要你设定一个学习目标，并把修炼途径落实。虽然品德修炼是一种非量化人格发展，但你还是可以把它具体化。比如，要想让自己变得勤俭节约，你可以详细规划自己每月的开销数额和消费方向。规划好了这些，才更有利于你的自我修炼。

◎ 第三分钟　给"坚持"鼓劲

品德修养的最大难题并不是你不知道该从哪方面下手，而是不能长期坚持下去。所以，早上第三分钟，你要给自己以往的努力坚持鼓劲。告诉自己：我已经做得很好了。坚持下去，就能获得更大的成就，拥有更大的影响力。总之，不能坚持的品德修炼，就等于自我放弃。

8. 性格决定你的影响力

除了品德，一个人的性格也与其影响力大小密切相关。弗洛伊德曾说："性格决定命运！"你也可以认为，"性格决定你的影响力"。

什么是性格？从科学角度来说，性格就是指一个人在面对他人或事物时，通过其态度和行为表现出来的心理特点。比如：刚强、懦弱等。这不是根据某一次行为得出的评价，而是一个人面对现实时拥有的稳定态度和习惯的总和。根据不同分类，性格可以分为许多类型，这些类型决定了他面对某种事物时的行为和做法。进一步延伸，它们也就决定了一个人的影响力大小。

比如，我们常说英雄救美可以获得别人的赞赏。危急时刻，性格刚强和懦弱的人一定会有不同的反应、做法。这些反应、做法会直接给别人造成不同的印象——他的影响力大小就会以此为决定标准。

在网络界，有影响力的人物有许多。比如史玉柱、马化腾、张朝阳、求伯君……他们或者出身于程序员，是中国互联网界的鼻祖；或者出身于海归一派，带来了世界级的先进理念。可是在他们当中，有一个人却显得非常另类，他就是马云。马云不是程序员，也没有出国留学，但他却能成为中国互联网界与西方人交往的先锋，同时他也一手打造了中国最大的互联网公司。仔细分析，这与他的性格特征密切相关。

马云性格外向，善于与人打交道。据他自己回忆，为了学好英语，在 20 世纪 70 年代末到 80 年代初，上初中的马云就开始在自己的家乡杭州给外国游客当免费导游。后来，他在建立阿里巴巴网站的过程中，也充分发挥自己性格中的这个优势，与西方世界打着各种交道。比如，为了尽快提升自己和阿里巴巴的影响力，马云不断出现在各种国际知名场合，或者演讲，或者接受海外媒体采访。这些努力帮助马云及阿里巴巴网站在国际上树立了良好的形象，众多海外投资者和商家因此蜂拥而至。

马云的成功与他的性格息息相关。试想，如果他是一个性格腼腆，不善于与人交流的技术型人才，他还会在国际上拥有那么大的影响力吗？美国斯坦福大学医学院临床精神科教授戴维·丹尼尔斯经过多年研究，将人类性格特征大致分为了九类，这就是"九型人格"。通过表2-2，我们可以清晰地看到各种性格对个人影响力会产生什么样的作用。

表2-2　九型人格与影响力

性格类型	性格特点	对影响力的影响
完美型	追求不断进步，喜欢劝导他人，失望、不满常常充斥心田	过分的苛求常常会令自己与周围人非常辛苦，甚至会令他人离你远去
助人型	温和和善、乐于助人，但有过强的控制欲	性格软弱者会深受其影响，但性格强硬者则会与之产生矛盾对抗
成就型	自信、有活力而幽默十足，喜欢诉说自己成就，逃避失败	交际影响力很强，朋友众多，但追随者少
艺术型	为人自我、忧郁、清高自傲	对他人影响力很小，也常受大众人群排斥
理智型	温文儒雅、有学问、表达含蓄、沉默内向、欠缺活力、反应缓慢、好批评	影响力适中，会给需要帮助的人造成影响，但不会获得人们的全力追随
疑惑型	小心谨慎、性格矛盾、忠诚、有很强的团体意识、缺乏安全感	影响力较小，他们多属于被影响范围
活跃型	乐观向上、多才多艺、社交能力强，但有易冲动的缺点	影响力适中，他们的朋友更多为泛泛之交，追随者少
领袖型	追求权力、讲求实力、有正义感、行动能力强，但有攻击性、常以自我为中心	影响力强大，属于领导者
和平型	温和、中间派、上进心不足、不争强好胜	影响力不足，常常在某些事情上为他人所利用

给自己分一分类，你的性格属于上面哪个类型？如果你对自己的性格现状略有不满，就利用早上三分钟对它进行一下调整吧！

◎ **第一分钟 分析自己的性格弱点会给影响力造成什么危害**

首先你要知道自己的性格属于哪个类型，而这个类型又会给自己的影响力发展造成什么影响。想通了这些，你就很容易找到改正的目标。

◎ **第二分钟 寻找适合自己的性格修正方向**

知道了自己的性格弱点所在，你就要再找一找哪个类型的性格更适合你。比如，如果你的性格属于艺术型，那么你最好就向活跃型做一下转变。

◎ **第三分钟 找适合的改正突破点**

性格与人的经历、思维习惯等密切相连。你不可能说让自己的性格改变就能马上奏效。所以，在修正自己性格问题时，最好能够找到一个突破点。比如，不善于与人交流的可以先从多交朋友、扩大自己社交面入手。

9. 重视"空间"自制力

"空间"自制力乍一看上去是一个非常抽象的概念,但事实上它非常容易理解:你对自己所处空间、所有空间的控制能力大小,会让你在他人眼中的影响力大受影响。

每个人都有一些属于自己的空间。这个空间不是仅仅指他自己所拥有的房屋,也包括所有为他所支配的场合。比如,你的临时居所、办公桌、书架、甚至电脑等。这些场所虽然属于你个人支配,但它们是否得到合理运用,是否能够给人留下好的印象,也直接关系到你给他人造成的影响力大小。

有一位在公司工作多年的中层领导,一直认为自己在员工当中的影响力不小,哪怕是在上司那里,他也是有一定发言权的。可是在一次群众基础抽样调查中,他惊讶地发现,自己在单位的影响力远没有他想象的那么高。这到底是为什么?

在请教了一位影响力大师以后,他才知道自己的问题到底出在哪里:他的"空间"自制力太差。每次同事去他的家里,都会看到一幅乱糟糟的景象;他的办公桌上永远都堆着各种已经看过、没看过的文件;打开他的电脑,几乎没有谁能够顺利找到一个文件——哪怕是他自己,也常常会忘掉什么文件放在什么地方。对这些小小的细节,他从来没有注意过,可是令他感到意外的是,他的影响力恰恰在这些小细节上流失殆尽。

这个例子听上去不足为奇,但仔细思考你会发现其中的奥妙。几乎所有职场指导书籍都会告诉你,一定要把自己的办公桌整理好,这事关上级对你的印象如何。同样,你的同事、下属也会从这些空间的整理上看透你的一切（图2-6）。

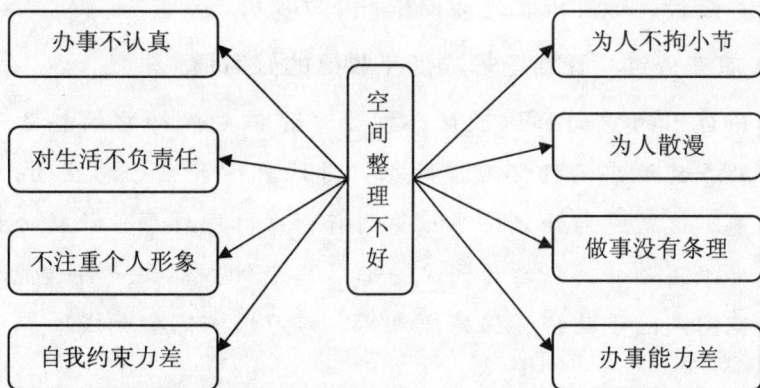

图2-6 他人对你"空间整理不好"问题可能产生的认识

在图2-6中，我们大致列举了对你个人空间整理不好的现象，别人可能产生的八种认识。其中除了"为人不拘小节"还算中性评价以外，其他七个评价全部属于负面看法。这些看法可能来自你的上级，也可能来自平级同事和下属。不管是哪个方面，它们对你影响力所起到的负面作用都不可小视。所以，想办法加强自己的"空间"自制力，对我们的自我管理、影响力提高很有帮助。

早上三分钟，你可以分三步将自己的这种问题解决掉。

◎ **第一分钟 给自己设计一个整洁的"空间"**

一个人的办公桌、书架、办公室风格，能够很清晰地透露出他的性格、工作风格等多个方面的信息。所以，早上第一分钟你要为自己好好设计一下这个"空间"的风格，包括办公物品的摆放、办公室陈列物的选择等。这些不起眼的小东西都是你向同事、同伴传递信息的媒介与平台，所以对它们的选择必须慎重。

◎ **第二分钟 针对你的主要影响对象，对空间安排做适当调整。**

有一个人希望获得上司赏识。在得知上司是个足球迷后，他在自己的办公桌上摆了一个足球摆件。这个精美的足球摆件让上司每次来他这里视察都忍不住驻足多说几句话。时间长了，他们自然就熟络起来。这就是一个针对主要影响目标调整空间安排的小例子。早上第二分钟，你可以在这方面下一下工夫。

◎ 第三分钟　让自己养成随手收拾的好习惯

不论自己的空间如何设计、摆放，你都要保持它的整洁干净。一个有随手乱放东西的坏习惯的人，再认真设计自己的空间，也是无济于事。这就是为什么许多人明明有秘书、同伴帮他收拾办公桌，最后他那里还是一团糟的原因。早上第三分钟，你要一再告诫自己：整洁的空间是随手收拾、保持出来的。好习惯一定要养成！

10. 自我情绪调控

曾经听过一个很有深意的故事：一位搬运工人在工作时，不慎把自己反锁在一个冷冻车厢里。他知道，自己所在的这个车厢能够把温度降低到零下 10 摄氏度——这种温度下，他绝对没有存活的可能。他深感绝望，因为当时已经下班，附近没有人能够听到他的呼救。第二天，人们发现他已经冻死在车厢里。可问题是，车厢的制冷功能并没有开放。

故事很离奇，而工人的死因也非常奇特：他不是真的被冻死的，而是被自己内心世界的恐惧吓死的。他的大脑潜意识认为，自己正在一点点被冻成冰块。所以最后，恐惧淹没了他全部的意识。恐惧的威力真的有那么大吗？

心理学家分析发现，一个人的情绪大致可以分为四种：欢乐、悲伤、愤怒和恐惧。这四种情绪在强力作用时，可以轻易"掌管"一个人的言行举止甚至大脑思维。上面这个故事里，那个工人之所以把自己活活吓死，就是因为他没有控制住自己的情绪。

失控的情绪能够轻易杀死一个人。当它们不经意间开始干预你的行动、破坏你的人际影响力时，其作用之大可想而知。

有一个在公司工作多年的中层主管，他要跟一位同事竞争上一级部门经理的职位。这位主管平时在同事、下属间口碑非常好，影响力巨大，号召力很强。所以，大家都很看好他。主管自己也认为，他一定可以在竞争中获胜，因为他能够获得大部分人的支持和拥护。可谁也没想到，竞选辩论那天，一个意外发生了。

辩论会开始不久，主管的竞争对手就抛出了一份似是而非的材料，指控主管有以权谋私的可能。主管工作多年，什么时候受到过这样的污蔑？气愤之下，他大声呵斥对方卑鄙下流。当上级领导要求他冷静时，他甚至将愤怒的矛头指向了上级……结果，那天原本很有希望取胜的他一败涂地。大家都用失望的眼神看着他。

这是一个陷阱。所有看到这个故事的人第一反应都是这样。可是故事的主角却偏偏上当了！他没有在关键时刻控制住自己的情绪，而是任由它爆发并干预自己的言行，让自己做出了大量后果难测的行为。结果，看着这个歇斯底里的人，大家失望了。主管苦心经营多年的影响力在这一刹那土崩瓦解。即使还有人对他保持同情，这个数量也不会再占据多数。这个故事再加上文章开头那位工人的死，是不是已经给你敲响了警钟？

无论在什么时候，你都要学会控制自己的情绪。因为作为自我管理中的重中之重，它直接关系到你在关键时刻的行为。情绪控制行为，行为决定影响。情绪失控，影响必然也会失控。所以，加强自我情绪管理，对你增强影响力很有必要。早上三分钟，你要牢牢把自己的情绪掌控在手里。

◎ 第一分钟　保持心态的平稳和情绪的镇定

喜怒哀乐是一个人永远无法避免的情绪变化。要想让自己能够完全掌控情绪，你就一定要学会在关键时刻保持心态的平和和情绪的稳定。大喜大悲都不能冲昏你的头脑，大怒大惧都不会击毁你的意志。泰山崩于前而面不惊，这就是你要追求的境界。如果你能够将自己的情绪控制能力锻炼到这个境界，那么它本身就会对你的影响力扩张起到巨大的帮助作用。早上第一分钟，你要坚持锻炼这种能力。

◎ 第二分钟　学会转移注意力

如果你一时还不能达到对情绪控制自如的地步，建议你掌握在关键时刻转移注意力的技巧。比如，一位下属由于马虎办错了事情，让你损失惨重。这时候你要知道他不是故意的，你还要知道如果你对他严加训斥，就会对你的个人影响力造成重大打击。给自己找一个转移注意力的吸引点，你就可以把自己心里的怒火暂时压下去。一切事情都要等情绪激动过后再处理，这样才更有利于事情的发展和你影响力的提升。

◎ 第三分钟　为自己找一个合适的发泄渠道

有情绪总压抑着也不是个好事儿，洪水易疏不易堵。给自己找一个合适的发泄渠道，不管是欢也好，悲也罢，你都可以从这个渠道将之发泄出去。这样你的心态才会一直保持平稳。运动、唱歌，甚至大哭一场，这些都是不错的选择。

11. 目标管理很重要

走在路上，你控制着自己的仪态，控制着自己的步速，控制着自己行走的路径，控制着与周围人打招呼的态度，这样你觉得自己会一路走好吗？不！因为你忘记了一个至关重要的需要控制的方面：目的地。

你想发挥自己的影响力，让周围同事、伙伴簇拥着你一起向前走，这时你就应该知道，你走的方向就是大家都愿意去的方向。他们之所以跟随你的脚步，是因为他们会与你一起走向成功、走向未来。可是，如果你前进的方向是一个断崖，你走的是一条不归路，还有多少人会附和你、跟随你呢？无数事实证明，要想不断扩张、发挥你的个人影响力，你的目标管理非常重要。

具体操作上，目标管理可以分为两个方面：目标的制定和坚持。好的、能够为大家认可的目标，可以帮你聚拢更多的人气；努力不懈的坚持，可以让追随你的人越来越看到希望。套用一句名言，这两个方面必须"两手都要抓，两手都要硬"。首先让我们来看目标的制定。

制定目标，在管理学中有一个很著名的 SMART 原则，你可以多多借鉴。如图 2-7 所示。

SMART 原则将制定目标的过程分为了五部分。按照这五部分内容，你可以制定出一个科学的、适合自己发展、能够吸引周围人向你靠拢的目标。当然，在实现目标的过程中，你还要注意始终坚持不懈。

在美国，有一个身患癫痫的长跑运动员。我们都知道，癫痫病

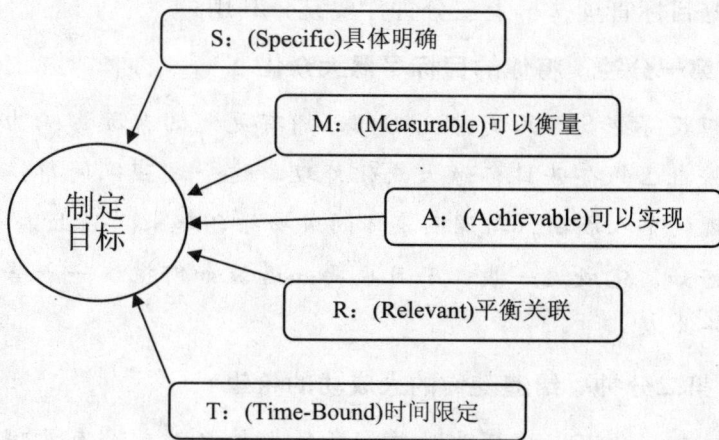

图 2-7　制定目标的 SMART 原则

人是不适宜参加类似马拉松那样的长跑运动的。可是他却始终把这个当做自己人生发展的目标。虽然他的目标不一定恰当，但他在坚持实现自己梦想道路上付出的努力还是让人钦佩不已。

从最开始的几百米、几千米到后来的远距离长跑，这位运动员用自己的坚持向世人证明了他的执著。越来越多的人注意到了这个运动员，越来越多的人为他所感动、所影响。当这个运动员跋涉近千千米一路跑到洛杉矶时，上千名支持者举着写有运动员名字的横幅前来欢迎他。"我们钦佩他，钦佩他的坚持不懈，钦佩他为实现目标而做的努力。我想，这也正是我们的人生所需要的！"一位白发苍苍的支持者这样告诉记者。

也许这位患有癫痫的运动员在马拉松之路上不会有令世界瞩目的成绩，但他的这种为了目标而努力的精神却令他获得了同样的荣誉——那么多人成为了他的忠实支持者，那么多人为他所影响，甚至改变了自己人生的道路。当然，我们的工作与活动也许没有这位运动员那样惊心动魄，但对目标的坚持也会给你带来同样的效果：你会获得人们的尊敬与追随。或者为了你们共同的目标，或者为了向你学习坚持的精神。

做好目标管理，早上三分钟你要充分利用：

◎ **第一分钟　将你的目标尽量大众化**

要想获得更多人的支持，让自己拥有更大的人际影响力，我们建议你将自己的奋斗目标做大众化处理。这个过程很简单：把你自己要实现的个人成功，与周围集体的成功结合起来。早上第一分钟，你要想好如何完成这一步，而且也要知道该如何把这一点告诉你周围的每一个人。

◎ **第二分钟　给追随你的人成功的希望**

想一想，你可以给那些受你影响的人什么希望？有希望他们才会心甘情愿与你一起奋斗。第二分钟，你要把自己的目标与他们每一个人的需要结合起来。

◎ **第三分钟　面对困难与支持者一同坚持**

在实现目标的道路上，你一定会遇到各种各样的艰难险阻。所以，早上第三分钟，你要想好你可以与谁一起共渡难关。记住，不要把所有困难自己扛。与人分享困难，与人一起坚持奋斗，也是你对他们施加影响的一个好机会。

12. 分配好自己的时间

自我管理中，对时间的分配与掌握永远是重中之重。对时间这种不可再生资源，珍惜、合理利用就是珍惜生命，就是把握速度。能够管理好自己的时间，分配好自己工作的人，往往都能够获得旁人的信任和尊敬。因为他们都能够合理规划、安排自己的人生。他们的事业、生活也必将因为这种合理的安排而井井有条，步步高升。追随他们，受他们影响，自己的生活、人生也必然会大有起色。从这个角度出发，要想让自己的影响力稳步提升，你就要学会科学分配自己的时间。

你知道自己的时间都是如何浪费的吗？也许图2-8能够告诉你这个答案。

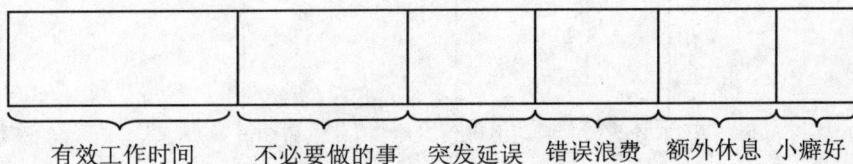

有效工作时间	不必要做的事	突发延误	错误浪费	额外休息	小癖好

图2-8 时间浪费渠道

从图2-8中我们可以清晰地看出，一个人每天真正用于有效工作的时间不过占他总工作时间的30%左右。而更多的时间，则用在了做不必要的事情、因为突发事件而产生的不必要延误、改正错误、额外休息与满足个人小癖好上面。也许你没有注意自己一天喝了多少次茶水，吸了多少根香烟或者因为一时犯懒而做了多长时间的额外休息，但把这些时间全部加在一起，你就会为最后的总数值而惊讶。

当然，我们不是说一个人工作起来就应该没日没夜，甚至把自己变成工作狂，而是说你要合理安排这些事情所花费的时间总量和时间段。该休息时休息，该工作时也要全神贯注。这样你才能让自己的时间获得最充分的利用。

19世纪，意大利经济学家帕累托提出了一个非常经典而有效的时间管理办法。他认为，一个人工作生活中80%的结果都源于20%的活动。比如，一个公司80%的业绩都来自于20%的客户。同样，一个人80%的成就也来自于他20%的时间。所以，要想让自己的时间利用率更高，你就应该优先处理那些更重要的事情。换句话说，你在工作以前应该先做一个分类，把需要马上完成的重要事情优先完成。帕累托的时间管理办法可以用图2-9来表示。

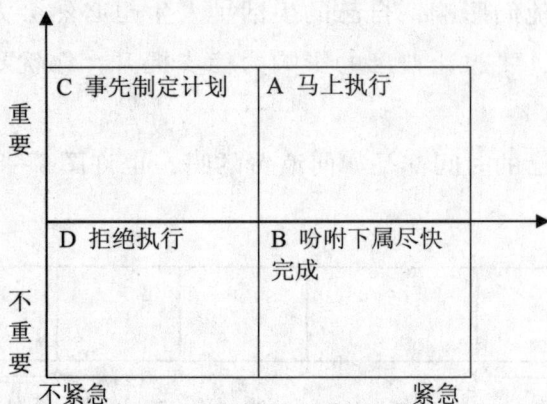

图2-9　时间管理的"帕累托原则"

一个多世纪以来，无数优秀的管理者都先后证明了"帕累托原则"的可贵。只要你认真遵循并坚持下去，就一定会获得一个不错的结果。早上三分钟，你要想好具体该怎么做。

◎ 第一分钟　制定一个合理的工作计划

要分配好时间，首先你要给自己制定一个合理的工作计划。这个计划可以按照自己的工作速度精确到某一个时间点，也可以大致分配一下工作目标。比如，上午你要做什么工作，下午必须完成哪些任务。早上第一分钟，你要做好这个工作。注意，在制定计划时要始终把握"要事第一"的原则。

◎ **第二分钟　准备一个工作日程记录本**

如果你没有一个本子专门用来记录工作日程，建议你在早上第二分钟完成这个步骤。你不需要很正式地弄一个本子，可以记在台历上，可以存在手机里。只要让你自己时刻有时间意识，知道自己应该完成什么，需要开始进行什么工作就可以了。

◎ **第三分钟　为工作目标安排合理的时间限制**

如果你多加注意一下就会发现一个现象：有时间限制的工作目标往往能够顺利实现；而没有时间限制的，即使完成了也会拖很长时间。这其中包含的心理学原因我们不再多说，但有一点建议你最好接受：早上第三分钟，把自己安排好的工作目标全都加上时间限制。

13. 有学习才有影响

英国著名学者弗兰西斯·培根有一句至理名言："知识就是力量。"他之所以成为世界知名学者，就是因为他通过学习掌握了丰富的知识。会学习、有知识，一个人就可以拥有别人所不能比拟的力量，就会获得令人羡慕的影响力。

事实上，自古至今能够通过学习获得知识的人，一直是人们仰慕的对象。即使是在科学知识不够发达的古代，掌握知识的祭司、先知，能够识文断字的读书人也都为人们所敬仰。在现代，能够主动学习的人更是众人呵护的宠儿、追随的对象。

迈克是个好学的青年。刚刚懂事的时候，他就对父亲书房里的书籍产生了浓厚的兴趣。就在迈克为那些经济学和法学方面的书痴迷时，战争打断了他美好的学习生活——第二次世界大战开始后，他应征入伍，来到了抵抗德国法西斯的前线。残酷的战争虽然使迈克的学业中断了，但无法遏制他对知识的渴望。于是，那个远离家乡、硝烟弥漫的战场又成了迈克学习的地方。

残酷的战争让参战者人人紧张异常，所以在战役间歇时，大家就想办法聚在一起，尽量让自己放松。但是此时的迈克并没有像其他同伴那样，将有限的间歇时间用于打牌、喝酒、聊天，而是抓紧时间看书学习。每当别人玩耍的时候，他总是默默地一个人走到离大家远一点的地方，从兜里掏出那本已经不知翻了多少遍的经济学教科书，静静地坐下来看。由于长时间装在兜里，战场环境又极为糟糕，书的好些地方都已经破烂了，书皮发黄，皱皱巴巴，但是这并不妨碍迈克的学习。迈克觉得只要能看到书、能学习，就已经很满足了，即使是再艰苦的生活也可以忍受。

战友们都知道迈克喜欢看书，所以在他看书时大家都不会去打扰他。不仅如此，对这个爱学习的伙伴，大家都非常尊敬。战斗激烈时，常有伙伴跟在他身边暗暗保护。转眼三年时间过去了，迈克利用战斗空隙不断学习，成为一个学问超群的人，而在同伴的支持下，他也成为了一名优秀的军官。

在子弹横飞的战场上，能够获得同伴们的尊敬，受到大家的保护，其个人影响力之大可想而知。而迈克拥有这种影响力的原因就是他的学习精神。一个人的成长不仅仅需要在生理上有所进步，在知识上也要有所发展。因为在现在这个知识经济时代，能学到知识就意味着他会有光明的前途。罗曼·罗兰曾经说过："再多的钱财也是靠不住的。今日的富翁也许就是明日的乞丐。唯有本身的学问，才是真实的本钱。"一个懂学习、有知识的人，不就拥有了最大的本钱吗？可以说，不断地学习其实就是不断积累力量，获得个人人生发展筹码的过程。

不学习也许不会让你的影响力遭到毁灭性打击，可是勤于学习，你的影响力就一定会不断攀升。早上三分钟，你应该给自己制定一个优秀的学习计划。

◎ 第一分钟　想一想你需要学习什么知识

对一个人来说，知识有三种：与工作相关的专业知识；生活中常用的常识知识；其他开阔眼界类知识。早上第一分钟，你要想清楚你当下急需补充哪一类知识。有目标，你才能够有切实的行动。

◎ 第二分钟　想一想你可以从哪里学习到你需要的知识

不同的学习内容往往需要不同的学习途径。第二分钟，你要知道从哪里你可以最快捷地学到你需要的知识。这里有一点要提醒你：不要死抱着书本不放。现在是一个信息渠道种类繁多的时代，你需要学习的内容往往可以从许多方面获得。只有做到学习途径多样化，你才能让自己的学习效率显著提高。

◎ 第三分钟　带动周围人一起学习

"独乐乐不如众乐乐"，学习也是如此。在对同事、伙伴施加影响的过程中，能够带动他们一起学习、进步，对你而言才是最好的结果。这也是你发挥影响力的一个绝佳机会。

14. 接受必要的影响

有人说："影响别人而不接受别人的影响好吗？" 的确，一般情况下时刻想着要影响别人的人，很少能够正确对待别人给他的影响。甚至，有些人还会对别人施加给自己的影响产生反感情绪。这是一个正常的心理反应，你大可不必因此责备自己。但同时你也要知道，该接受的影响你必须要接受。尤其是那些对你的成长、发展有好处的影响，你更是不能拒绝。要想成为一个杰出的、强有力的影响大师，关上接受他人影响的大门绝不是一个好的选择。

有一个年轻的小伙子，他对一位销售界前辈非常崇敬。这位前辈刚刚三十岁多一点，可是他所取得的销售业绩却令许多老销售人员刮目相看。小伙子非常希望自己有一天也能够成为前辈那样的人。一个星期天，他来到了前辈的家进行拜访。

前辈很热情地接待了他，可是小伙子却能从他的言行举止中感受到对方的不快。是什么让这位销售天才如此郁郁寡欢？小伙子非常不解。但他却认为，一个人只有开心才能有好的发展。于是，他主动向对方提出，应该一起出去走走，散散心。平时的工作压力就很大了，为什么周末还要闷在家里？接着，他滔滔不绝向对方说了许多自己的"理论"。小伙子说得很高兴，前辈听得很认真。很快，前辈就决定听从对方的建议。

当前辈起身要与小伙子一起出门的时候，小伙子突然意识到自己正在做什么——他竟然影响了自己的偶像。小伙子非常兴奋而又小心翼翼地问："您觉得我说得对吗？""当然！我这不正准备听你的建议出去走走吗？一起去怎么样？真的很谢谢你啊！"前辈高兴地说。听到对方这样说，小伙子兴奋得满面红光。从那以后，小伙子对前辈更加敬佩了。

俗话说，无心插柳柳成荫。故事里的前辈也许没有想到，接受对方劝告的行为会让自己获得对方更多的崇敬。从古至今，能够虚心接受别人建议，欣然接受外界优秀方面影响的人，大多都能够获得别人的尊敬。

一个人不可能永远把自己封闭起来，不接受外部的良好影响。一百年以前，清朝政府闭关锁国带来的是落后挨打；一百年以后，一个人不能接受必要的影响，也必然会被别人远远落在后面。敞开胸怀的接纳能够给你带来的，远远不止影响本身所具有的好处，还有你形象的提升和影响力的扩大。

要想接受更多必要的、优秀的影响，首先你要排除三个心结。早上三分钟，你就可以完成这个步骤。

◎ 第一分钟　排除心结一：接受别人影响是自己的软弱

许多人把影响别人和受人影响看做是他强势与软弱的标志。为了在气势上不输给别人，他们会极力避免自己受他人的影响，而不管这种影响是好是坏。这种"自强"的措施其实是非常偏激的。一个人的强势与优秀不应该用这种方式来彰显。所以，早上第一分钟，你首先要打消这种观点。

◎ 第二分钟　排除心结二：别人的影响都不怀好意

别人对你的影响不一定都是怀有恶意的。许多人觉得别人影响他的目的就是从他身上获得好处，或者操纵利用他。其实这也不一定。我们不否认的确有些人怀有利用你的目的，但更多的还是不经意的影响。在接受影响之前，你要有这种观点：仔细分辨对方的意图。对你有利的影响一定要接受。把别人的影响全部一棍子打死，岂不是把自己封锁起来？

◎ 第三分钟　排除心结三：地位高于他人，接受影响很没面子

虚荣心害人！尤其是在你需要接受别人影响，但又出于面子而硬撑的时候，更是会给你带来无穷祸害。不要认为自己地位高，听别人建议、受他人影响就是"跌份"。早上第三分钟，你要坚决排除这种观念。

15. 隔绝负面影响的威胁

正面影响要接受，负面影响就要隔绝。事实上，在工作、生活中你遇到的负面影响要远远多于正面影响。这些不道德、消极的负面作用会给你传达负面信息，带来错误引导。如果对它们不加防范，很可能你就要在这方面吃亏。

已经在公司工作5年的林涛突然辞职了，大家都很不解，因为没有谁听说他要找新的工作。几天以后，消息慢慢传开了。原来，林涛辞职的原因是他违反公司规定，收取了贿赂。

据知情人透露，林涛开始受贿是一年以前。在那之前，林涛还是一个正直的小伙子。他工作认真，很得上级领导赏识。一次，他随部门经理出差。在谈判过程中，对方给了他和经理每人一个纸袋——经理手中的纸袋里有1万元，他的有2 000元。林涛当时害怕极了，可是经理却逼着他收下，而且严禁他把事情说出去。有了第一次，就会有第二次。从那以后，经理经常带着他出差。他们收的钱也是越来越多。

半年前，经理东窗事发被检察机关带走。林涛知道他也逃不过这一劫，于是主动上交了受贿款项并辞职。

从一个很有前途的员工到因贪污被迫辞职，林涛的变化很让人揪心。究其原因，就是他没有抵御住负面影响干扰的缘故。林涛受到的负面干扰是诱惑，其他类似这样的影响还有很多种。比如歧视、懒惰、孤立等。通过表2-3，你可以对它们有个大致的了解。

表2-3 负面影响汇总

负面影响	表现	接受结果
诱惑	用利益、权位等在你面前炫耀、引诱，以获得你的支持	在利益面前失去个人准则
歧视	对你从身体姿态、言谈举止等方面表现出高高在上	丧失自尊心、自信心，深感前途渺茫
懒惰	劝你得过且过，甚至号召你一起"偷懒"	失去前进动力，得过且过
孤立	对你不理不睬，甚至联合他人排斥你	失去人际关系平台，交际能力和成果双双下降
放纵	玩得太凶、饮酒过量、工作狂等	对生活多方面都出现干扰影响
莽撞	不加考虑地催促，没有详细计划地工作	增加失败几率，降低个人影响力
自私	告诉你"人不为己，天诛地灭"	失去与人合作的精神，贪图小利，自私

表2-3中，我们总结了最常见的七种负面影响。这些影响不仅会对你的工作、事业产生非常坏的反作用，甚至还会让你在不经意间犯下悔恨终生的错误。所以，面对它们的威胁，你一定要慎之又慎。早上三分钟，我们教你隔绝负面影响的办法。

◎ 第一分钟 仔细分清哪些人会给你带来哪些负面影响

人无完人。在我们的周围，许多同事、伙伴都有很明显的缺点。比如，有的人喜欢占小便宜，有的人好逸恶劳。对此，你应该有比较清晰的了解。这样不仅有利于你避开他们向你传播负面影响，而且能够让你找到影响他们的策略。每天早上，你都可以拿出一分钟时间认真分析一位朋友。稀里糊涂交朋友永远没有清清楚楚待人来得保险。

◎ 第二分钟 与人交流要取长补短

隔绝负面影响的威胁，不是说要与可能产生负面影响的伙伴断绝交往。一个人哪怕有再多的缺点，他也有我们可以学习的方面。所以，与人交往你要学会取长补短。早上第二分钟，在找出别人身上的缺点以后，你还要进一步找出他的优点。

◎ 第三分钟　坚持自己的路，会增强你的影响力

隔绝负面影响的威胁不是动一动嘴皮子就可以的。面对多种多样的侵害，要完成这个防卫过程非常困难。可是困难不代表不能。这样一来，就需要你有"走自己的路，让别人说去吧"这样的勇气。记住，坚持自己的道路，往往会令你散发出夺目的光彩。

第三章

发表你的观点

人与人沟通的主要渠道是语言。社会学家分析,人类之所以能够进化成为一个智慧种群,语言在进化过程中起到了巨大作用——语言的沟通促成了合作的出现,带来了经验的总结和传授。在现代社会,随着信息交流的频繁,语言的作用更是日益显著。要想提升你的个人影响力,给自己的语言把把关非常重要。因为你要通过语言发表自己的观点,争得别人的支持。让你说的,为他人所认可;让你讲的,为他人所不能反驳。这样你才会有更强的影响力。

1. 提炼你的观点

想运用语言提升影响力，你就要让别人觉得你言之有理。当然，你也可以打打感情牌，走走温情路线。但不管如何做，你都得先让自己的观点清晰明了。听不懂你在说什么，不知道你的真实意图在哪里，这样的交流对别人来说永远不会有什么影响力可言。这就要求，你应学会在发言以前提炼自己的观点。

"提炼观点"这个词汇经常出现在中、小学的语文课本里。具体是指针对一段话，找出其中心思想。在成人世界，仿佛这种说法没有什么用武之地。其实不然！我们小时候学习"提炼观点"的技巧，就是在为长大以后交流时始终有自己的中心思想而提前做准备。不知道发言要提炼观点的人，往往会犯"跑题"的毛病。比如下面这个场景：

赵主任要给几位新员工做入职培训。大家坐好以后，他开始发言："今天我向大家介绍一下公司销售部门的具体情况。咱们部门是公司成立之初就有的老部门，这些年来对公司的发展壮大可谓劳苦功高。没有销售部，公司的效益就绝没现在这么好。你们进公司以后可能也听说过一些闲言碎语，说什么设计部连续出新产品，给公司作了很大贡献。其实咱们贡献也不小。别的不说，过年时公司主动奖给咱们部门领导一辆帕萨特就是很好的证明。为什么不奖给设计部呢？说起这帕萨特，其实公司还是考虑欠妥了。因为咱们部门领导有一个小问题——他晕车非常严重，哪怕自己开都不行。这话谁也不许说出去啊！不过帕萨特这车倒是真不错。领导说了，你们谁有需要，可以找他借。咱们领导是个很和气的人。和他相处时间长了你就知道了。有一次，我们几个和他喝酒喝多了，吵闹着打了起来都没出什么事情。第二天该怎么好就怎么好……"

从这个小场景的开头我们可以知道，赵主任这次培训的主要目的是介绍销售部的基本情况。既然是介绍基本情况，就应该有一个大致的目标：销售部的构成、任务指标、主要公关对象等。可是赵主任都说了些什么呢？销售部和设计部之间隐约的矛盾，公司对销售部领导的器重，销售部领导的好脾气，其中还夹杂着一些"小道消息"……这样的培训怎么可能达到目的？更不要说赵主任借此机会提升自己在新员工心目中的影响力了。恐怕，在新员工心里，赵主任的形象已经一落千丈——八卦，嘴上不牢，工作不分轻重，为人不忠诚……

发表自己的意见，讲究的是干净利落，一针见血。尤其是在类似赵主任这样的培训课程上，更是一个展示自己实力，言简意赅扩张自己影响力的绝佳机会。可遗憾的是，赵主任偏偏跑题了。他的主要问题就出在没有提炼观点上面。

不仅仅是在当众发言的时候要提炼观点，在平时的交流中，我们也时刻要注意这一点。早上三分钟，我们就可以让自己成为一个在最短时间提炼观点，防止跑题、偏题的高手。

◎ 第一分钟　每次说话前都要在脑子想想你要说什么

不会提炼观点、交流时常常跑题，其实是自我语言控制能力不强的外在表现。要克服这个缺点，有一个好办法就是在每次说话以前，都先在脑子里想好你要说的中心议题。这样一来，在说话时就不会离题万里。当然，在最开始的时候也许你会觉得这样做很费时间。可是随着这种行为慢慢成为习惯，你就不会再感觉不便了！

◎ 第二分钟　先说重要的，可以防止跑题

有些人与旁人交流时非常容易跑题，在你将这个缺点完全纠正过来以前，我们教给你一个好的方法先作为过渡"对策"：说话时先说重要的内容。比如，你要发言说一件事情，你完全可以先简明扼要地把事情大概全部说清，然后再慢慢解释。这样，即使有些跑题，也不妨碍你实现交流目的了。

◎ 第三分钟　针对某一观点做一个"小练习"

发言前提炼自己观点的技巧需要经过一段时间的练习才能完全掌握，这其实也是一个人组织语言、防止口误的关键。所以，每天早上，你都可以利用一分钟时间在脑子里做一个小练习：针对看到的某一个信息、某一个场景做一个小发言。这个发言很简短，要能够反映你对这件事情的看法。而且它也不必说出口，只要在脑海中成形即可。每天都做一次这种小练习，时间一长你发表自己看法的能力自然会大大增强。随之提升的，就是你征服众人的影响力。

2. 组织你的逻辑

观点与逻辑是你通过语言表达思想，提升个人影响力的两大基础。没有清晰的观点，逻辑就无从谈起；没有合理的逻辑，要想说清观点也是难上加难。前面已经强调了提炼观点的重要性，接下来，建议你要重视组织自己的语言逻辑。

首先要知道语言逻辑都涉及哪些方面的内容。我们这里所要讲的语言逻辑主要是指人类自然语言的逻辑。一般情况下，这种逻辑错误主要表现在表3-1所列举的几个方面。

表3-1　常见语言逻辑错误类型

类型	说明举例	影响后果
表达层次结构混乱	这是我们在日常交流中最常见到的逻辑混乱。它主要表现在前言不搭后语、语无伦次或者说话不讲条理上面	干扰观点的表述，让交际对象产生疑惑甚至反感，最后严重影响对你的印象。对你的影响力提升有很大障碍
语意对象不明确	由于急迫或者语言组织能力弱，出现语意所指对象混乱问题。比如你想批评一个人，结果不慎得罪了一群	容易给人留下思维不够缜密、头脑不清醒的印象，在一些敏感场合容易造成语义误解
语序混乱	语序混乱，主谓宾等结构颠倒。比如本想说"我不在的时候你可以全权代理"，结果说成"你在的时候我不可以全权代理"	造成交际双方的误会，破坏双方互信

除了表3-1列举的几种问题以外，还有些常见的逻辑问题，如量词应用不准确等。但与表中的三种问题相比，它们造成的危害还略轻。在关键时刻，因为心理因素或者语言习惯问题而出现的逻辑混乱，往往会给你的人际交流和人际影响力提升造成不小的麻烦。

又到年底，公司里许多员工纷纷跳槽。众多得力助手的辞职让公司老总很是头疼。一天中午，他到员工办公室巡视。看着空了许多的屋子，他忍不住暗自嘀咕："工作能力强的都没来！"他说话声音不小，在座的员工很多脸色都变得难看起来。有两个原本就对老总很有意见的员工更是起身去外面"休息"。

看到这个情景，老板知道自己说错话了，连忙补救："留下的能力也都很强！"屋子里几位脸色稍好，可是刚出去的两个人在外面听到这话，更受不了了。当天下午，他们就提出了辞职。老板的"用工荒"更大了。

这个近似于笑话的小故事就展示了说话不讲逻辑、语意对象不明确所带来的严重后果。老板短短两句考虑不周的话，就"赶跑"了两名实力强的员工。剩余没走的人心里又会如何看待老板呢？答案不说可知。在工作、生活中，类似这样的场景还有许多。要想让自己的影响力随语言交流不断提升，你就一定要在加强语言逻辑方面多下工夫。早上三分钟，集中精力纠正你语言中存在的逻辑错误。

◎ 第一分钟　确认自己常犯的逻辑错误类型

一般情况下，一个人的语言逻辑错误都大致集中在几个方面。也就是说，你常犯的逻辑错误往往都属于一类。当发现自己接连出现类似的逻辑问题以后，你就要仔细思索问题到底出在哪里，或者说问题到底属于哪一类。早上头脑清醒，你可以非常容易就把最近犯的类似错误全部总结归纳，然后对症下药找到解决办法。

◎ 第二分钟　练习说话前先想一个"一、二、三"

许多人当众演讲之前都喜欢打一个草稿，这是一个非常好的习惯。发现自己常常出现语言逻辑错误，建议你就练习一下在说话前先想一个"一、二、三"。如果你能够通过这个方法把自己的观点说清楚，那么你不仅很容易说服同事或者伙伴，而且还很容易提升在他们心目中的形象，加强影响力。毕竟，能在很短时间将思维组织这么好的人是很值得佩服的。

◎ 第三分钟　让自己的语言更加精确

　　能够保持自己语言精确度的人必然会受到人们的尊敬。因为这说明他的思维非常缜密，随之而来的就是工作、做事的细致和有条理。这往往是一个人能力超群的标志。所以，你也要不断地让自己的语言变得更加精确。这不仅对改善语言逻辑混乱有帮助，而且对提升你的影响力意义非凡。

3. 注意对方的兴趣

"让别人为你所影响"和"你知道别人的兴趣所在"看似风马牛不相及，但仔细分析会发现，它们有着非常密切的联系！要想让对方顺利接受你的观点，除了要内容明确、逻辑清晰以外，你还要学会灵活使用一些技巧。比如，通过各种方法吸引对方的注意力，引起对方与你交流的兴趣等。其中，注意、利用对方兴趣点就是最常见、使用最广泛的基础性技巧。

每个人都有自己的爱好，有自己擅长的事情：琴棋书画、养花种草，甚至吸烟喝酒也算得上是爱好之一。爱好是一个人的乐趣所在。为了自己的爱好，人们舍得花钱，也舍得投入时间和精力，有的人更是达到废寝忘食的地步。不仅如此，爱好还能够影响一个人的社交。球迷有球迷圈，集邮有集邮爱好者协会。用一句话说就是"物以类聚，人以群分"。

有相同爱好的人之间更容易接触，更容易相互影响。所以，要想提升个人影响力，你当然就也可以利用这一点。经验证明，通过"爱好"这块敲门砖，你可以让自己的影响力深入对方内心世界。

图 3-1 清晰地表达了兴趣在交流中的作用。

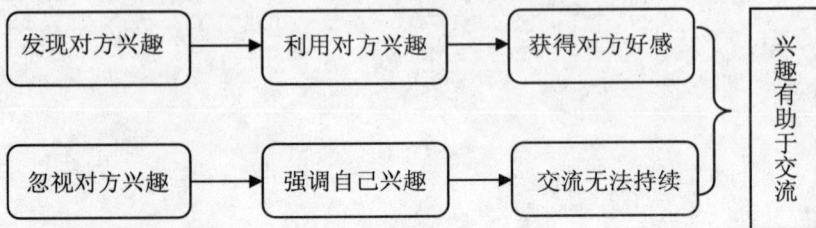

图 3-1　兴趣的作用

对方有兴趣爱好，我们自己也有。许多人会在不经意间混淆这两种兴趣的概念。发现、关注对方兴趣容易获得对方的好感；忽视对方兴趣，不断强调自己兴趣，则会让你们之间的交流变得乏味——你说得很高兴，对方听得没意思，自然不会有好的交流结果。当然，如果你们之间的兴趣一致就不会出现这种尴尬，可要不一致呢？

要想在工作、生活中获得好的人脉，有好的影响力，你最好掌握一个技巧：让自己博学多识起来。能够发现对方的兴趣还远远不够，你还要让对方将你引为知己。

赵楠深深喜欢上了一个男孩儿。这个男孩儿是她的同事。一次偶然的机会让她知道那个男孩儿和她一样也是一个足球迷。所以，共同的爱好让两个人很快走到了一起。

赵楠迷足球这件事全公司都知道。作为一个骨灰级球迷，身为女孩儿的她对世界上各大知名球队是了如指掌。从他们的技战术水平，到每位球员的特点，说起来都是如数家珍。现在，发现公司有一个和她一样喜欢足球的男孩儿以后，她很快就为对方所迷住了：两人一起上班、下班，一起看足球、聊足球，甚至在周末还会一起呼朋唤友到球场踢上一场。

可是很快赵楠就发现有些不对：自己男朋友这个球迷太不"称职"，经常会问些很外行的话。经过旁敲侧击，赵楠知道了一个令她非常感动的事实：男朋友并不是球迷。这个暗恋赵楠很久的小伙子知道赵楠喜欢足球后，拼命向这一爱好"靠拢"。果然，相同的"爱好"让赵楠成为了他的女朋友。

故事中的小伙子就是一个很能够注意对方兴趣，并以此为突破口，向对方渗透自己个人影响力的人。注意对方兴趣点并加以利用，对你来说并不难。早上三分钟，你就可以轻松做到这一点。

◎ 第一分钟　回忆交际过程，不放过对方兴趣点的任何蛛丝马迹

要知道对方兴趣所在，你就要对对方多多观察，加强了解。利

用早上一分钟，你可以仔细回忆、思索对方平时的言谈举止，发现其兴趣点的蛛丝马迹。一般情况下，人们对自己的正常兴趣都是不加掩饰的。认真思索就一定会有收获。

◎ **第二分钟 找出能够提供相关信息的"旁人"**

在了解影响目标个人兴趣点的过程中，你要学会旁敲侧击，从第三方渠道获得相关信息。早上第二分钟，你要开列第三方"名单"，并想出与之交流的途径。

◎ **第三分钟 交流时注意利用对方的兴趣点**

知道对方的兴趣点所在不是最终目的，你还要学会利用。比如，通过了解一个人的兴趣，我们可以分析出这个人的性格及很多信息，能够让我们轻松找到与其交流的话题。

4. 吸引对方注意

"对面的女孩儿看过来……"听着这首歌，许多人都会忍不住在脑海里幻化出一个吸引女孩儿注意力的、朝气蓬勃、乐观向上的男孩子。如果你的面前也站着这样一个年轻人，相信你一定会忍不住为他所吸引、所影响。至少，对方充满阳光的笑容会让你的心情一下子变得愉快起来。从心理学角度分析，这句歌词之所以有这样大的影响力，就是因为它抓住了一个关键动作点："看过来"。

不管什么时候，能够吸引交际对象的注意力，让他的目光看过来，对你发挥个人影响力都是非常有帮助的！有关注才有思考，有思考才会让你的影响力深入人心。受其启发，你要想让自己的影响力深入人心，想让自己的观点为对方所接受，就一定要想办法吸引对方的注意力。

在中国房地产界，有一个饱受争议但又为人们所广泛关注的人。在中国成千上万家房地产公司的老总中，他的知名度一直排在前几位。他博客的每一篇文章的点击量都超过几万甚至几十万。据预测，现在全国范围内他的微博粉丝达 62 万人之多。他的一言一行、一举一动都会成为媒体和公众关注的焦点。这个人就是任志强。

在人们心目中，任志强是一个敢说的人。对于这一点，哪怕对他反对呼声再强的人也不会否认。从"商品房只给中高收入者住，我不考虑穷人"到"房地产就应该是暴利"，再到"中国的房子太便宜了"。一条条任志强"语录"将他推在了风口浪尖上。但在反对声中人们发现，他的思考总是与社会发展相符。哪怕他说的话再不好听，人们也不得不正视。

现在，对任志强，人们的看法已经回归到了理性接受。认可任志强，同意他说法的人越来越多。相应的，任志强的影响力也在不断攀升。这就是任志强，一个善于吸引人们目光与注意力的人。

不管任志强的话有多么刺耳，在这个主流言论占据上风的时代，他的每一句话都会让人觉得振聋发聩。我们不去讨论他说的话是对是错，单说他的这种吸引社会注意力、提升其影响力的策略，就让人钦佩不已。用惊人的言论和事实为佐证，吸引人们对他的关注和思考，这种吸引人们注意力的方法非常有效。当然，想引人注目你可以使用的技巧还有许多，如图3-2所示。

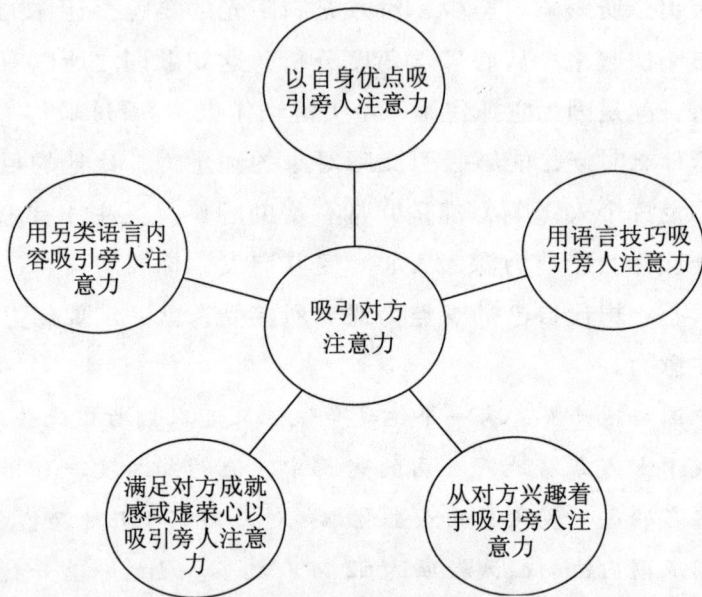

图3-2　吸引对方注意力的途径

图3-2中，我们共列举了五种吸引注意力、提升个人影响力的策略，任志强使用的是其中之一。也许你不太善于使用任志强的技巧，但你还可以从其他四个方法中找到灵感。总之，早上三分钟你要让自己拥有一个吸引对方注意力的绝招。

◎ 第一分钟　针对实际情况找到适合自己的办法

任志强的身份、地位让他有"放大炮"的先天条件。换做一个默默无闻的小房地产商，他说得再夸张，恐怕注意的人也不会太多。这提醒我们，一定要有适合自己的吸引注意力的方法。五个技巧，也许适合你的只有一两个。早上第一分钟，你要找到最适合你的技巧。

◎ 第二分钟　针对不同影响对象调整办法

同一种技巧对不同的人有不同的效果。早上第二分钟，你就要根据自己最主要的影响目标调整自己的具体实施计划。比如，你想吸引一位心仪女孩儿的注意力，就不能使用获得上司好感的技巧。

◎ 第三分钟　把握吸引对方注意力的"度"

做事情要有一个度，吸引他人注意力也是如此。恰到好处的吸引会为你提升个人影响力提供帮助，可如果过分执迷于此，也会给人留下哗众取宠的感觉。所以，这个"度"你要心里有数。

5. 真情最能 "动人"

心理学家认为，在每一个人的内心感情世界里，他都希望自己被别人关心、获得别人的尊重和重视。如果这个心愿得以实现，它就会让一个人从内心焕发出最灿烂的光彩。相应的，对于关心、呵护自己的人，他们也会投桃报李，给予最大的感情和行动上的回报。这种心态对提升个人影响力有着非同一般的意义。白居易曾经说过："动人心者莫先乎情"。由此可见，在古代，人们就已经注意到在语言中揉入真情对打动人心的重要性。这与我们强调的 "要用真情待人" 观点相结合，就能总结出一条通过语言提升影响力的途径：说真情实意的话能让人们被你所影响。

在言谈举止中融入真情实意——很多人觉得这很难做到。的确，除了对自己的家人和最要好的朋友，要让这些在职场上摸爬滚打的 "男子汉" 们饱含真情地说话很不容易。可事实上你还是低估了自己的交流能力。只要你能够抓住一些语言的交流要素，就很容易实现这一点，比如坦诚、动情以及温和。

坦诚是男士最常用的表达真情实意的交流方式。中国古代有诗云："功成理定何神速，速在推心置人腹。"可见能够与人坦诚相待，往往都会令对方深深为你所打动、所影响。

如图3-3所示，坦诚的交流可以分为四种类型。其中，针对不同交流对象，你可以采取不同的模式。比如，面对合作伙伴，你要表现真诚；面对销售客户，你要表现爽快；面对老年朋友，你要表现实在……不同情况下的不同模式转化，会让你的坦诚很快为对方所感知。

```
        说话坦诚
    ┌─────┬─────┬─────┐
  真诚    爽快   实在   淳朴
```

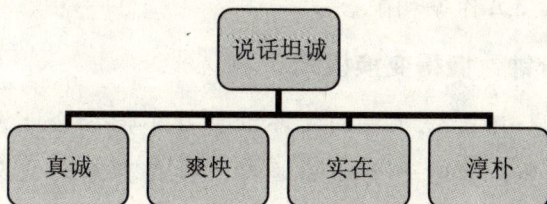

图3-3　坦诚待人的表现方法

除了坦诚，你还应该在动情和温和上多下工夫。相对而言，"动情"对男士很困难。对它，只要你能够在关键时刻表露出一定的情绪特征，比如愤怒、激动、感谢等就可以。要知道，太过分的动情往往会让别人觉得你很假！相比动情，温和的交流就需要你用心去学习了。与坦诚相比，温和所包含的类型模式要稍微多一些。如图3-4所示：

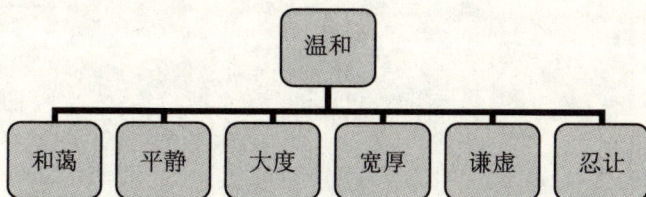

```
              温和
  ┌─────┬─────┬─────┬─────┬─────┐
 和蔼   平静   大度   宽厚   谦虚   忍让
```

图3-4　温和待人的表现方法

与人温和交流的诸多模式中，适合男士的就是图3-4中展示的这六种表现方法。当然，除此以外也有一些模式可供选择，比如温柔。但与这六种模式相比，它们的使用频率就相对较低了。

一个能够保持真情实意与人相处、与人交流，能够把真情融入语言中的人，大多都会收获令人羡慕的人际影响力。经过早上三分钟的修炼，你可以从中获益。

◎ **第一分钟　给自己设计一个令人满意的"造型"**

有的人忠厚，有的人爽快，有的人大度，有的人淳朴。过于快速地变换自己的语言模式，会让人产生虚假的感觉。所以，早上第一分钟，你最好给自己设计一个最合适的"造型"。这个造型要与你的外观、职位、工作等相配合。

◎ 第二分钟　懂得变换模式

有"造型"不是说就要固定不变。在不同场合下，你也要有相应的改变。比如，面对一个咄咄逼人、心存歹意的交际对象，你就要学会表示愤怒，而不能一味忍让，这样才会让人感觉真实。

◎ 第三分钟　让自己充满真情地面对每一天

用技巧保持语言中的真情实意很有"造假"嫌疑，这往往也是一种不得已而为之的方法。最好的途径是，每天早上拿出一分钟，在心中酝酿一下最真挚的感情，让自己能够充满真情地面对每一天，投入到每一天的学习、工作中去。这样做的效果才是最好的！

6. 得体令人接受

　　充满真情的语言能够打动人心。可与它相比，得体的语言更令人看重。要达到"得体"的要求，你需要了解交际对象的心理，同时拥有从内容到技巧一系列的交流能力。在什么场合、面对什么人、针对什么交流内容，你对此都要了如指掌。如果说动情的交流会让你赢得一个人的尊敬和服从，得体则会成为你在社交场上无往不利的利器。

　　如何让自己说的话更加得体呢？中国著名语言学家吕叔湘先生曾经说过："此时此地对此人说此事，这样的说法最好；对另外的人，在另外的场合，说的还是这件事，这样的说法就不一定好，就该用另外一种说法。"简而言之，就是说话应该得体。图3-5很清楚地表现出语言得体需要注意的几个方面。

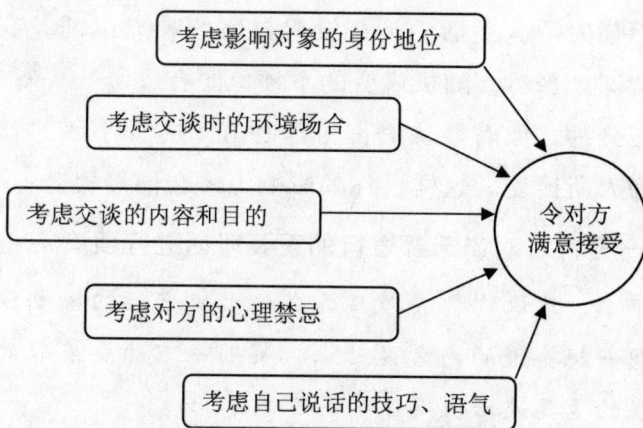

图3-5　说话得体的五个方面

得体的最终标准就是令人满意地接受。时间、地点、针对人物、语言技巧、心理禁忌……这些都是你要考虑的因素。为此，在展开语言"攻势"以前，建议你事先做好准备。例如下面这个事例：

李俊想说服一位投资商与自己合作开发一种大型软件。在与投资商接触时，他隐约得知对方曾经参过军。当过兵的人都会对自己的军旅生涯充满回忆，所以李俊就在聊天时有意无意地提起以前在军营里的故事——李俊也参过军，他觉得自己一定会引起对方共鸣。可是令他感到意外的是，对方非但没有表现得与他很亲热，相反还主动与他拉开了距离。

李俊找到与投资商熟识的人了解情况。这时他才知道，投资商早年的确参过军，但由于在军队里打架，最后被送上军事法庭，开除军籍。在投资商心目里，那段经历就是一个禁忌、一个永远的痛。不了解情况的李俊贸然多次谈起军旅生涯，让这位投资商心里很不是滋味。他甚至觉得，这个人就是在羞辱自己。知道这些后，李俊追悔莫及。

李俊的交际有一些值得肯定的亮点，但他犯的错误也更大——他没有弄清对方的心理禁忌，就贸然挑起了话题。其结果自然是令他的交际面临失败。生活中，在发表自己的观点以前，我们最好先做好这种功课。当然，随机应变的本领也要有。

早上三分钟，你需要从语言得体的五个方面下手，让自己说的话更容易为人所接受。这样，你的影响力才会慢慢提升。

◎ 第一分钟 对当天要进行的重要谈话进行预演

每天早上，建议你都要对自己在今天要进行的重要谈话进行一下预演。想一想要说的内容是什么，策划一下你要采取的技巧和态度。关键性的重要谈话值得你下一下工夫。

◎ 第二分钟 锻炼一下必要的说话技巧

常言道："见什么人说什么话"。所以，早上第二分钟你要想好自已可以使用的常用技巧。这样才会在谈话时不至于临时抱佛脚。

◎ 第三分钟　及时发现交谈中对方的不满情绪

　　如果你发现在与人交流时对方有心不在焉的表现，或者发出一些表示不同意的"嘘嘘"声，就说明你的话对方并不接受。这时候，你要仔细体察自己的语言是不是有些不得体。察觉不到这一点，你很可能就会在接下来的交流中让自己的影响力受损。所以，早上第三分钟，你要尝试锻炼这种察言观色的本领。在上班的路上，你就能完成这个过程。

7. 幽默、美言、委婉与威胁

世界著名足球教练罗克尼曾经有一件趣事广为流传。在一次比赛中，由于他指导的诺特丹队发挥失常，上半场结束时，他们已经落后对手威斯康辛队两分。休息室里，队员们一片沉闷。罗克尼对队员的表现很不满，他希望队员们能够振作起来。可是怎么说才能让自己的话被队员们愉快地接受呢？

中场休息时间结束了，罗克尼走进休息室，愉快地大喊了一声："走吧，小姐们！该上场了！"一句话逗得全队球员都笑了起来。不仅如此，大家还都听出了其中的严肃信息和殷切希望。那场比赛，诺特丹队最终以3:2获胜。

罗克尼打破僵局，向队员们传达自己鼓励和期望的方法就是幽默。他没有委婉地批评，更没有强迫式的要求。因为他知道，在当时的情况下，想重新振奋队员士气，同时让他们意识到自己的失误，用强迫等方法是很难奏效的。所以，他选择了令人解颜一笑的幽默。在发表个人观点，提升个人影响力的过程中，幽默、美言、委婉和威胁是最常见的四种技巧。罗克尼就使用了幽默。对于这四种技巧，你要有清晰的认识，具体如表3-2所示。

表3-2 幽默、美言、委婉及威胁对比

项目	幽默	美言	委婉	威胁
说服力大小	说服力较弱，多用于缓和局面，保持交流持续进行	说服力较幽默稍强，但仍不适用于辩论性说服	说服力较强	说服力弱，但最终执行力较强

续表

项目	幽默	美言	委婉	威胁
长期影响力大小	长期影响力巨大，适于提升个人影响力	长期影响力较大，会令你获得更多人的好感	长期影响力中等，适用于辩论性说服，避免分歧	长期影响力较小，随威胁条件增减而增减
对方心理接受程度	对方乐于接受该种观点表达方式	心理接受程度较高，但需要掌握技巧	心理接受能力中等，效果较幽默、美言差	心理接受度低，有抵抗情绪
易操作程度及条件	需要有一定幽默技巧	操作难度较高，否则有拍马屁嫌疑	操作难度中等，注意"得体"的要求	难度较低
副作用	无	使用不当容易引起对方反感	无	造成个人影响力下降，埋下心理抵抗祸根

从表3-2中可以清晰地看到，四种方法各有其特点。比如，威胁短期作用效果好，但对个人影响力负面作用较大；幽默的说服效果一般，长期影响力却很显著。在某种特殊场合下，幽默有威胁所不能比拟的优势：它可以缓和气氛，减少剑拔弩张的紧张气氛。

在罗克尼的小故事中，虽然他需要尽快说服队员，但出于对队员精神状态和紧张情绪的担忧，他还是选择了幽默。因为幽默的缓和局势作用更适合当时的情景。由此可知，在尽力说服影响对象的过程中，我们不仅要学会使用这四种技巧，还要学会灵活运用、选择使用技巧的种类。否则，很可能你的努力就会适得其反。

早上三分钟，你要掌握对四种技巧的运用。

◎ 第一分钟　让自己少些威胁

威胁有见效快、个人心理满足感强烈等特点。这让许多人，尤其是有一定地位、权力的人甘之如饴。哪怕是普通人，很多时候出于强势心理的作用，也会不由自主地用上威胁的交流方式。所以，早上第一分钟，你要努力让自己少用威胁，多用幽默等其他三种方式。事实证明，如果使用得当，另外三种技巧给你带来的好处要远远大于威胁。尤其是在提升个人影响力方面更是如此。

◎ 第二分钟　寻找一种自己最擅长的技巧

能够把几种技巧的使用全部掌握固然好，但在此之前，你最好先寻找一种自己最擅长的方式。比如，有些人生性诙谐，他们就比较容易施展幽默的技巧。如果他舍弃自己的天生优势，而一味追求委婉或者美言，恐怕最后的效果也不会让他满意。

◎ 第三分钟　根据不同人选不同方法

有人吃软不吃硬，有人吃硬不吃软，还有人软硬不吃。在与同事、伙伴们相处的过程中，你要摸清他们的脾气，然后对症下药，选择适用的技巧。比如，要说服一位性格倔强而又好面子的人，你最好就使用幽默和委婉的方法，这样才能马到成功。

8. 借用暗示的力量

不管是幽默、美言、威胁还是委婉，都是用语言点醒影响目标，使其接受我们观点的技巧。即使是委婉，也不过是变换一种更容易使人接受的说法而已。可在现实生活中，不是每句话都可以直说的。学会借用暗示来表达你的想法，同样可以收到预期的效果。甚至，暗示在很多时候效果更佳。

有一位公司经理刚刚上任就面临着一堆头疼事。原来他接手公司时，公司刚刚遇到了一些挫折，经营管理上出现了问题，连带之下资金链条、公司员工士气等方面都大受影响。在最短时间内让公司全体员工振作起来，成了新经理的当务之急。

经过左思右想，经理制定了一个计划。

公司人心惶惶，所以每天早晨都有许多人迟到。可是这位经理却不因此而发怒，更没有去责怪谁。他只是每天都提前到公司，然后帮助一些值日人员做好各项准备工作。他的脸上始终洋溢着笑容，让每个来上班的人都感觉朝气蓬勃。"公司还有救，没有到山穷水尽的地步……"经理的做法让员工产生了这样的感觉。人心思定，很快公司就从困境中挣脱了出来。

面对人心惶惶的公司，这位经理并没有召开大会作动员，更没有加强管理让员工按时上班，而是以身作则让大伙看到了希望。他通过一些动作暗示，让人们知道他的心里对公司还是充满希望的。"领头雁"没有丢失方向，充满信心，他的手下自然很快就会感知到这种暗示。结果，公司很快扭转了危局。这就是暗示的力量。与之相比，如果经理不借助暗示，而是一味去说服大家，效果会有这样明显吗？说到不如做到，经理的暗示就起到了这个效果。

暗示的作用非常明显，使用方法也多种多样。在我们的工作、生活中，有许多不同种类的暗示供你自由选择。比如语言暗示、事物暗示等，具体如图3-6所示。

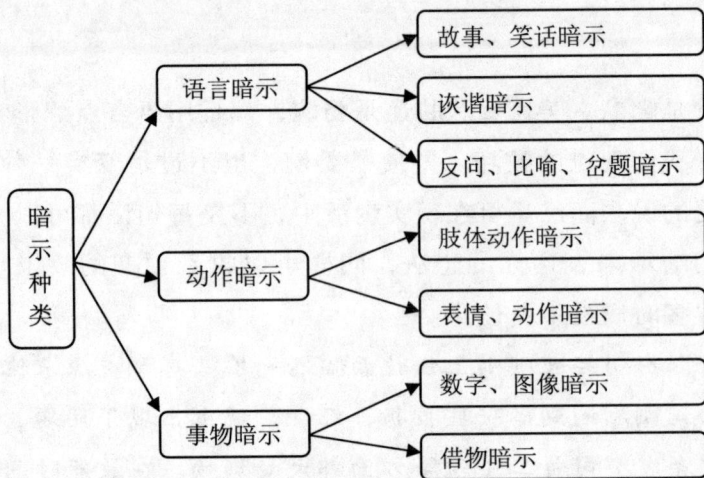

图3-6　暗示的种类

从暗示途径来看，它可以分为三类：语言暗示、动作暗示和事物暗示。这三种暗示下面又具体分为七个小类，每个小类都各有特点。具体来看，语言暗示和动作暗示要比事物暗示明显，影响效果也更加强烈；但事物暗示也有自己的好处，更加隐蔽，容易给影响目标"留面子"。具体情况下，该使用哪种暗示，你要根据实际情况确定。早上三分钟，学会用暗示代替直言。

◎ 第一分钟　尝试把直言转为暗示

相对于暗示而言，人们往往更习惯用直言来表达自己的想法。所以，早上第一分钟你就要尝试锻炼把直言改为暗示。灵活使用暗示的交际技巧并不太难，关键在于你要有这种意识。早上第一分钟，养成使用暗示的思维习惯。

◎ 第二分钟　使用暗示因人而异

暗示效果很明显，但也不是对所有人都适用。尤其是一些性格直爽、做事情不喜欢绕圈子的人，更是不容易理解暗示的奥秘。这样一来，在使用暗示以前，就要先想好你的暗示是不是能够为对方所接受和理解。

◎ 第三分钟　不要用带有歧义的暗示

要传递自己的思想，给人正确的暗示，你就要学会正确的暗示方法。这其中最关键的就是不能使用带有歧义的暗示。比如，你明明想暗示一个人不要说话得罪某人，可是因为暗示技巧问题，使对方感觉你就是在偏向某人，最后很可能就会让他产生误会。所以，在使用暗示以前，你一定要想一想这种暗示是不是带有歧义。

9. 模糊可以"保身"，但没有影响

许多人都认为，人在职场低调、中庸一点好。发表自己的观点时，不显山、不露水，才会获得别人的认同。太有主意的人，往往都会被枪打出头鸟。的确，出头的椽子先烂，过于锋芒毕露会让你遭到别人的嫉恨。可是，如果太过"模糊"，虽然能够明哲保身，可是你的影响力也会大幅下降，这对希望提升个人影响力的人来说绝对不是一件好事。

在街坊邻里眼里，刘默涵是个很文静、帅气的小伙子。可是在他的同事看来，他却是个没什么"出息"的人。大学毕业时，刘默涵对自己的未来抱有极大希望，但他的父母却一再要求他要低调，要中庸，要不张扬。刘默涵最后听了父母的经验之谈，在公司开始"模糊"起来。

别人说什么，刘默涵都会"那是、那是"地回答；别人问他的意见，他也总是说没什么意见，服从大家安排。时间慢慢流逝，人们渐渐对刘默涵采取了漠视的态度。甚至办公室有什么活动，领导即使征求了绝大多数人的意见，也不会问刘默涵怎么想。至于开会，人们更是不给刘默涵准备出发言的时间和机会。没有人拿刘默涵当回事儿的结果，就是刘默涵更加沉默了。

刘默涵的经历我们可以用图3-7来说明。

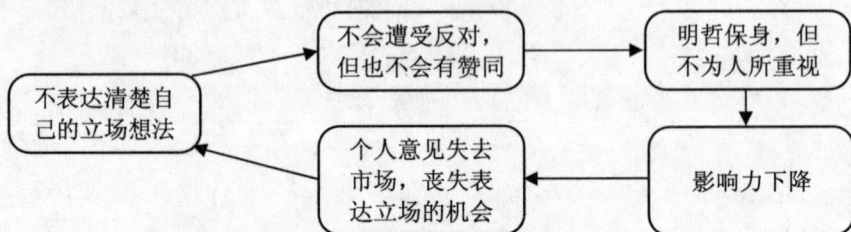

图3-7 模糊保身的恶性循环

114

从不发表自己的看法，一切事情随大流，做和事佬；到明哲保身成功；再到不为人所重视；最后回归于失去了表达自己立场的机会。这完全就是一个恶性循环。不能明确表达自己观点的结果，就是让你很快失去对旁人的影响力。没有影响力，自然就不为人们所重视，自然也就不会有人再给你发表言论的机会。

不能过于锋芒毕露，但也不能毫无主见地"模糊"从事。从两者之间找到一个平衡点才是最合适的选择。这其中的关键点就在于，能够在不引起他人嫉妒，不刺激竞争对手的情况下，使他人顺利接受你的观点。要做到这一点，早上三分钟你要做充分的准备。

◎ 第一分钟　对自己要阐发的观点进行分类选择

在工作、生活中，你会有许多观点需要阐发。这些观点的内容直接关系到你是否能够既表达了自己的思想，又最大限度提升了影响力。所以，在将观点公之于众之前，你要对它们进行选择、分类。早上第一分钟，你可以很快完成这一工作——当然，这些观点仅仅是你在即将开始的一天里所要阐述的。比如，你可以将其中过于激进、甚至会对他人造成伤害的观点挑选出来，做弱化处理；你也可以将一些没有新意的观点挑选出来，进行重新组合整理。只有经过细心挑选、完善后的观点才能为你提升影响力作出贡献。

◎ 第二分钟　在适合的场合下发表

同一个观点，在不同场合下发表有不同的效果和反响。在确定了自己的观点内容以后，你还要仔细思考什么场合下将之发表才能为你获得最大利益。选对场合，你的影响力推广能事半功倍。

◎ 第三分钟　注意语言是否合适

一个人的观点需要用语言表达出来。比如，同样是激励人心、号召大家一起合作共渡难关，有的人就能很顺利做到这一点，有的人则会被人讥笑为自不量力。这其中的原因就与其语言组织能力息息相关。所以，每天早上在确定了自己需要阐述的观点以后，你都要拿出一小段时间来仔细组织语言。语言的组织标准是：既让被影响者乐于接受，又可以完全阐述清楚自己的想法。

10. 骂人一句，毁人三秋

有一句俗话叫"骂人一句，毁人三秋"。乍一看，这句话说的是"毁"别人，但仔细琢磨你会发现，事实上"毁"的却是骂人者自己。

与人交流，影响他人，讲究的是一个思维同化。要达到最终目的，就一定要用巧妙办法令对方接受自己的观点，哪怕对方不接受，他也会尊敬你。这就是"我不能赞同你的每一句话，但我誓死捍卫你说话的权利"的真正含义。古往今来，许多持相反意见，甚至处于敌对阵营的人能够惺惺相惜就是这个原因。可是，如果你因为意见不合或出于其他原因而对他人破口大骂、冷嘲热讽，又会如何？请看一个事例。

一家公司的领导张某与客户进行合作协商。因为双方分歧过大，导致连续进行了数次谈判无果。慢慢的，张某就开始急躁起来，在谈判时说话的口气也越来越冲。对于张某的焦急，客户非常理解。毕竟这单生意数额巨大。经过再三思考之后，客户决定不与张某合作。不过，买卖不成情义在，客户还是决定订购一些其他货品以弥补他们之间的关系裂痕。不仅如此，他还想把一位对张某公司产品感兴趣的朋友介绍过来。

又一次谈判开始了。客户没有做太多的寒暄，就直奔主题，明确说他们不想购买张某的这款产品了。张某听后暴怒，他打断客户发言，大声挖苦着客户，言辞之间充满了鄙视甚至谩骂。这些难听的脏话让客户非常恼火。最后，他们的谈判不欢而散。

不能让对方接受自己的观点或者合作失败，这很常见。好说好散，再见不难。客户为了能够弥补双方之间产生的尴尬心理，已经做出了"补偿"决定，可是张某却用辱骂把这一切都彻底断绝了。有丰富人生阅历的人都知道，嘲讽甚至辱骂绝不会给一个人带来什么好的社交结果，习惯于骂大街的人更不会有什么影响力。当然，现在社会上也出现了一些误解，认为骂人也可以提高知名度。这的确不假，但知名度与影响力绝对不是等价的。

关注娱乐新闻的人一定都知道娱乐界有一个争议很大，并以"骂人"而闻名的人。他言辞尖锐，被他"骂"过的名人数不胜数，他也因此闻名大江南北。但在知名度不断攀升的同时，他也因某些过分的言论而惹得官司缠身。毫无疑问，这是一个靠"骂"出名的人，可是他的影响力又有多少呢？没有人拿他说的话当真，更没有谁会对他表示钦佩。可以说，他的影响力在不断走低。

与人和善与否衡量着一个人的修养如何。只会嘲讽谩骂的人永远不会获得"好品德"的称号与别人的尊敬。套用一句话名言就是，"当一个人谩骂别人的时候，他也就是在谩骂自己！"所以，在发表自己的观点，希望对别人造成影响的过程中，骂人行为千万要不得。

早上三分钟，你要学会管住自己的嘴。

◎ 第一分钟　告诫自己要克制怒火

没人喜欢早晨吃完饭后站在大街上骂街以作消食之用，只有当一个人遇到挫折，心情不好或者满怀愤怒的时候，他才会骂人。当然也有些人骂人是出于口头禅或习惯，但无疑因愤怒而破口大骂的占多数。要想约束住自己的嘴，你首先就要学会控制自己的情绪。早上第一分钟，你要告诫自己："我要控制自己的怒火。"

◎ 第二分钟　想一想骂人后的恶果

骂人时冲动、痛快，骂人后后悔、遭殃。所以，你可以在生气时多想一想骂人后的后果。想到这些，你就会把脏话咽回去了！

◎ 第三分钟　清洁自己的语言，尽量少说脏字

有些人，尤其是年轻人，很喜欢在口头禅里带上一些脏字。也许这样做会让他们觉得自己更有男人味，也许这是他们展示自己

"豪爽"个性的技巧。但不管他们如何看待，这些都是一种陋习。早上第三分钟，你要仔细检查一下自己的语言习惯，尤其是一些口头禅，清理出其中的脏话、脏字。也许你把它们脱口而出是出于习惯，甚至你都没有骂人的欲望，但别人却不一定会这样认为。

11. 学会获得旁人的共鸣与支持

有一个对比小试验：你站在空旷的田野上，放声大喊，往往都会觉得自己的声音在大自然里是那么渺小。可如果你站在一个深邃的山谷里大喊，就绝不会有这种感觉。山谷折射回来的声音交响激荡，让我们觉得自己的声音是那么洪亮。两者差距巨大的原因就在于，在山谷里你获得了周围环境的呼应。同样，在我们的工作生活中，要想让自己的"声音"——影响力变得大起来，你也要获得旁人发出的"回音"。

有一个年轻的小伙子，想说服自己的上级同意他进行一项技术改革试验。可遗憾的是，思想保守的上级对此并不感兴趣。小伙子屡次试图说服上级都没有成功。于是，他想出了一个好办法。

小伙子首先拿出了一个相对完善的方案，然后一一说服和自己年龄相仿的同事们；接着，他又争取到了许多老资格工程师的认可。当他再次向上级提出请求时，上级惊讶地发现公司大多数人都站在了小伙子这一边。来自多方面的相同意见让领导内心发生了动摇，最后他同意了小伙子的建议。

这个事例中，小伙子就是通过获得"回音"来增强自己的影响力，进而完成"攻关"目的。在与人交往中，学会先获得更多人的支持与共鸣，然后借此造势，提升个人影响力。完成攻关后，反过来再将影响力作用于旁人的手法，往往可以令一个人在短时间影响力大增。这也是我们向别人推广个人观点的绝妙途径。具体过程如图3-8所示。

从获得共鸣到反过来增加共鸣，你可以在此过程中顺利说服他人，同时借机大大提升自己的影响力。当然，要获得别人的共鸣和

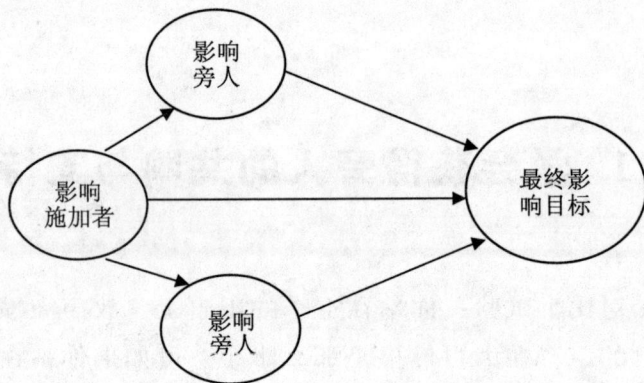

图3-8　获得旁人支持增加影响力过程

支持也不容易。这其中就有一个先说服谁，后说服谁，最后再推波助澜影响谁的问题。在前面我们讲的例子里，那位小伙子不就是先说服与自己思想最贴近的年轻同事，然后扩展到最懂技术的工程师，最后才"攻下"领导的吗？所以，在我们的工作生活中，你也要学会巧妙定位，找到最容易给你提供支持的人。

当然，除了找对人，还要做对事。不能把话说进旁人的心里，他们也不会支持你，更不会帮助你提高影响力。早上三分钟，我们要为实现这一技巧做好准备。

◎ 第一分钟　利用从众效应获得旁人支持

在人际交往中，有一种心理学效应叫"从众效应"。就是说，一个人在他所处的周围环境都趋向于某一种相同观点时，他也会不由自主让自己也倾向于这个观点。从众心理会干扰一个人的判断，尤其是他要判断的事情与他切身利益关联不大的时候更是如此，因为他不会做过于细致的思考。在获得旁人共鸣的过程中，我们也可以用从众心理来引导人们的舆论。

◎ 第二分钟　坦诚相对，不要有隐瞒和欺骗

引起旁人共鸣，为自己的影响力造势有一个关键点：一定要坦诚相对，不能有丝毫的隐瞒或者欺骗。因为一旦你的欺骗被旁人察觉，那么他们就会产生"你在利用他们"的感觉，哪怕你的理由再

充分，观点再正确，也会在很短时间内失去他们的支持。

◎ 第三分钟　旁敲侧击，用旁人共鸣主攻影响目标

　　获得旁人共鸣与支持还不够，你还要学会推动、运用这种支持为提升自己的影响力服务。比如，你可以向旁人说明帮助你的好处，或者帮助大家的好处，然后鼓舞大家为共同目标而努力。此外，在攻关主要影响目标时，也要将这种大众支持作为依据。这会给你的说服力加上重重的筹码。

12. 让自己成为演讲明星

想获得更多人的支持，有两个渠道可供你选择：默默传道和举行公开演讲。默默传道适用于小范围的说服，比如在办公室里你要获得多数人的理解和支持，就要一个个去分别游说。与之相比，举行公开演讲更适用于让你在短时间里获得最大规模的支持和欢迎。默默传道需要耐心，成为演讲高手则需要技巧。作为一个正处于上升期的职场员工，你最好能够灵活掌握这种技巧。

怎样进行演讲？不是一个人随随便便往讲台上一站就可以获得成功。有计划的演讲与随意发挥相比，前者更能抓住人心。提炼观点，组织语言，避免废话，这些都需要有计划、有准备才能实现。所以，要想让自己成为一名演讲明星，首先你需要为自己准备一份演讲稿。著名演说家康惠尔博士在著作《遍地黄金》中列出了自己演讲词的大致构成。内容如下：

　＊先把事实告诉听众；

　＊为这些事实提供充足的论据；

　＊让人们结合自己的实际和经验去思考、实践。

康惠尔博士依靠这个简单的演讲稿创作技巧为自己赢得了"演说家"的称号。除了思路以外，一篇演讲稿所要包含的具体内容也很有讲究。一般情况下，它由四部分组成，具体如图 3-9 所示。

按照这个构成写一篇动人的演讲稿，你的演讲就成功了一半。当然，仅仅有好的演讲稿是不行的，演讲时的个人技巧运用也与最后的影响结果息息相关。

比如，在演讲开始，你需要获得听众的信任，拉近与他们之间的距离。不管是用"自己人"效应也好，还是用权威做保证也罢，

吸引人的开场白

令人记忆深刻的主题宣讲

论据翔实，引人入胜的高潮

简明扼要、画龙点睛的结论

一篇优秀演讲稿

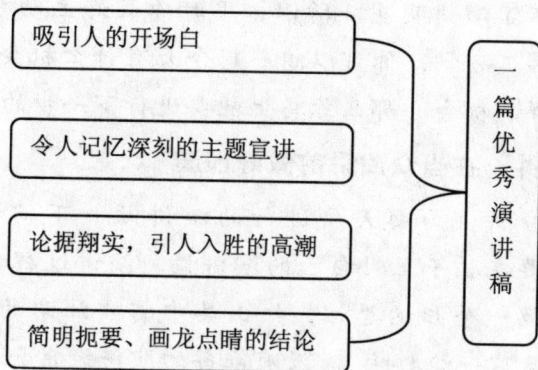

图3-9 优秀演讲稿基本内容构成

在演讲一开始你都要想方设法实现这个目标。一次没有信任度的演讲不会有任何好的结果。在演讲过程中，你还要发挥各种技巧，让你成为听众的主宰。如何实现这一点在下面的论述中我们会重点阐述。此外，在演讲结尾你还要做画龙点睛的升华。大量事实经验证实，好的结尾能够抵得上半场精彩的演讲。所以如何针对听众设计你的谢幕致辞，也非常重要！

好的演讲内容与演讲技巧相结合，你才能成为一个演讲明星。这是你不断提升自己影响力的关键一步，也是最重要的技能之一。早上三分钟，你要不断提高自己的演讲技能。

◎ **第一分钟 打消自己对当众演讲的恐惧**

许多人不擅长当众演讲，不是因为他写不出好的演讲稿，甚至也不是他不懂得演讲技巧，而是因为他没有足够的胆量去克服当众演讲的恐惧。从某个角度来说，这种恐惧是我们在学会演讲过程中所需要面对的最大敌人。早上第一分钟，你要让自己打消这种恐惧。实际操作起来并不难——站在镜子前或者找一个独处的环境，大声演讲一段，时间长了你就会慢慢习惯这种感觉。之后，你就可以去尝试当众演讲了。

◎ **第二分钟 主动寻找锻炼的机会**

有句俗话叫"光说不练假把式"，没有实际操作的锻炼和经验总结，你永远成不了演讲明星。所以，平时你最好主动寻找一些锻炼的机会。早上第二分钟，你可以想一想今天有什么机会可供你练习。如果发现了这样的机会，那么你马上就要进行下一步的准备。

◎ **第三分钟　在当众演讲前做好预演**

早上第三分钟，为白天要进行的演讲做一下"预演"。所谓"预演"，就是要在脑子里对自己的演讲稿、演讲过程、可能使用到的演讲技巧等做一个归纳总结，找出其中需要注意的地方。这样，更有利于你白天"一炮打响"。没有准备的演讲经常会遭遇失败，并打击你的信心。所以，这种事预先准备很有必要。

13. 成为听众的主宰

演讲的目的是感染听众、说服群众。动之以情，晓之以理，让听众在听完你的演讲以后，深深被你打动，进而成为你的支持者，这才是一次成功的演讲。当然，如果你想获得更大的影响效果，就要更进一步，让自己成为听众的主宰。怎么实现这个目标呢？

下面是一段闻名世界的演讲词：

我有一个梦想，它深深植根于美国梦。我梦见，总有一天我们身处的这个国家将站起来，实现它崇尚的信条："这些真理不言自明：人人生而平等。"我梦见，总有一天在佐治亚的红山上，原先的奴隶的儿子们与原先奴隶主的儿子们坐在一张桌子旁共叙手足情。我梦见，总有一天密西西比州遭不公正和压迫的酷热煎熬的沙漠将变成自由和公正的绿洲。我梦见，总有一天自己的四个孩子将生活在一个国家，在那里人们对他们的评价不是根据肤色，而是根据品格。

……

这是我们的希望。正是怀着这一信念我回到南方。怀着这信念，我们能从绝望的大山中开凿出希望的石块。怀着这信念，我们能把我国的一片嘈杂吵闹声变为一曲华丽的兄弟情谊的交响乐。

怀着这信念，我们能够一起工作，一起祈祷，一起斗争，一起入狱，一起为自由挺身而出，因为我们知道有一天我们将会自由。

这段演讲词就是美国著名民权领袖马丁·路德·金的演讲《我有一个梦想》。在这个演讲的带动下，美国各地掀起了平等、民主的民权运动，可谓影响深远。马丁·路德·金的这篇演讲为什么能够获得人们如此大的关注呢？关键在于两点：充满热情，带有极强的感染力；为听众所接受，使他们一直说"是"。事实上，这也是每一个希望成为听众主宰的人都应该注重的演讲标准。

戴尔·卡耐基认为，要想让自己的目标被说服，就一定要用充满感情的语言和动作来渲染、表达自己的思想。在这种感情引导下，听众很少产生与你相反的意念。"你的思想会因你的双眼而闪亮发光，你的声音会随之辐射四方。"戴尔·卡耐基这样强调热情与感染力在演讲中的重要作用。要做到这一点很容易，你可以用一些充满亲和力、感情充沛的词汇，在演讲时你可以通过肢体语言、表情动作让自己一直处于众人视线的核心，等等。

除了感染力，你还要注重演讲中一定要持续获得听众的认可，让他们一直点头说"是"。因为一次有分歧的演讲往往会让演讲者与听众之间产生对抗辩论的情绪氛围。只有从一开始就获得听众的认可，然后才能持续保持整场演讲的顺畅。能否获得听众的赞同会导致演讲有不同的结果，具体如图3-10所示。

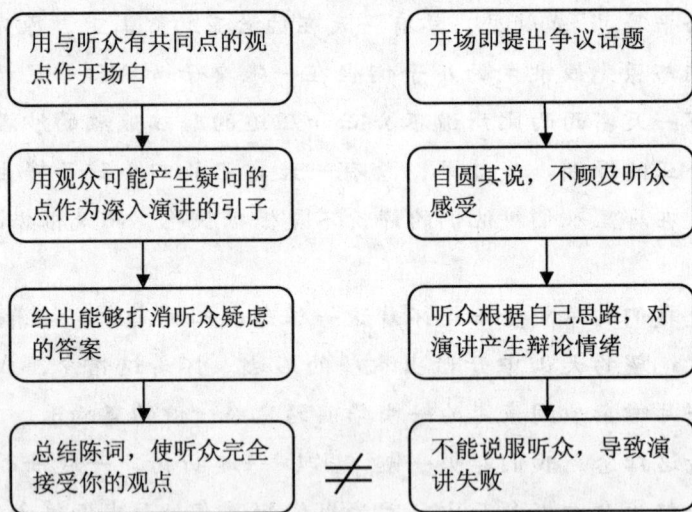

图3-10　是否能够获得听众赞同的不同结果对比

除了保持感染力和获得听众认同，成为听众主宰的技巧还有许多。关键要看你是不是能够找到具有个人特色的要点。充分利用早上三分钟，你可以让自己的演讲更有魅力。

◎ **第一分钟 为自己设计好演讲的外观仪表**

人靠衣服马靠鞍，在不同场合我们就应该选择不同的服饰。尤其是在演讲等公共场合，更是如此。如果你当天有演讲活动，那么早上第一分钟你就要为自己设计好演讲的外观仪表。如果你的演讲对象是上级、前辈，那么你就一定要正式着装；如果你是要给年轻人演讲，那么不妨就穿得年轻活泼一些。在这里提醒一句：除了演讲对象会决定你的着装仪表，演讲内容的要求也不容忽视。

◎ **第二分钟 找一个最合适的开场角度**

前面强调，一定要让听众对你的观点表示赞同。要实现这个目的，你就一定要好好设计自己的演讲开场白。一般情况下，很少有人注重演讲稿以外的开场白。可经验证明，好的开场白往往会决定你的演讲能否获得成功。早上第二分钟，你要思考这方面的问题。

◎ **第三分钟 让听众参与互动**

要成为听众的主宰，不是说要自己一直不停地说，而让听众干巴巴地听。你要学会活跃演讲气氛，比如，引导听众与你进行互动，这样你才能收到更好的效果。

14. 用倾听为自己赢得影响力

工作生活中，能否让自己获得好的影响力，你是不是个好听众也很重要。许多人不能给别人留下良好印象，就是因为他不注意听别人讲话。心理观察显示，人们喜欢善听者甚于善说者，倾听更能提升一个人的影响力。

戴尔·卡耐基曾举过一例：在一个宴会上，他坐在一位植物学家身旁，专注地听植物学家跟他谈论各种有关植物的趣事，除了提出一个问题之外，几乎没有说什么话，但分手时那位植物学家却对别人说，卡耐基先生是一个最有意思的谈话家。

人人都需要被倾听和被了解。一个人以言语表达自我的时候，都会希望听他说话的人能有所回应，同时渴望获得别人的理解。即使这些说话人连自己都不了解自己，他们也希望获得别人的了解——一个心烦意乱的人想要表达自己的情感和想法时更是如此。戴尔·卡耐基在自己的拥护者中拥有超强的影响力，与此不无关系。如果学会倾听，实际上你就已经踏上了影响力提升之路。

乔·吉拉德是美国首屈一指的销售大师，曾创出一年内成功推销1 425辆汽车的记录。然而，即使是这样一位影响力出众的推销员，也曾有过一次难忘的失败经历。

一次，有位顾客来找乔·吉拉德商谈购车事宜。乔·吉拉德向他推荐一种新型车，一切进展顺利，眼看就要成交了，对方却突然决定不买了。

乔·吉拉德百思不得其解。这位顾客明明很中意这款新车，为何又突然变卦了呢？他忍不住拨通了对方电话一探究竟。

"喂，你知道现在几点钟了吗？"顾客问。

"真抱歉，我知道是晚上 11 点钟了，但我检讨了一整天，实在想不出自己到底错在哪里。因此，冒昧地打个电话向您请教。"

"很好，你现在用心听我说话了吗?"

"非常用心。"

"可是，今天下午你并没有用心听我说话。就在签字之前，我提到我的儿子即将进入密歇根大学就读，我还跟你说到他的学习成绩和将来的抱负，我以他为荣! 可我当时跟你说的时候，你根本没有听!"

对方似乎察觉到了乔·吉拉德的疑虑，继续说道:"当时你在专心地听另一名推销员说笑话。或许你认为我说的这些与你无关，但是我绝不愿意从一个不尊重我的人手里买东西。"

善于倾听的人，一方面说明他比较会关心别人;另一方面，也可以表现他的耐心，表示他能尊重对方。乔·吉拉德没有注意到这一点，结果让对方产生了误会。事实上，在我们的工作、生活中类似这样的事情也很常见。即使你的口才再一流，你也要给别人留出发言的机会。因为过分地扩张自己的思想，只会让对方感到压迫和反感。

倾听不是支起耳朵听就可以的，它也需要使用一定技巧。早上三分钟，你就可以轻松掌握它们。

◎ 第一分钟　抑制自己的说话欲望

学会倾听，首先要学会抑制自己的说话欲望。与人交流时，尽量多地输出自己的观点是人的本能需求。要学会倾听，你就要学会暂时抑制这种需求。在内心世界，你可以尽力说服自己:"听一听别人说有许多好处，能够让我有的放矢、后发制人……"认识到了倾听所能带给你的好处，你才会真正静下心来去倾听。早上第一分钟，你要说服自己。

◎ 第二分钟　用动作、语言附和对方

要想让自己倾听的姿态获得对方的好感，仅仅靠听是不够的。你还要学会用动作、语言去附和对方。比如，他们在做出明显的反问时，你应该及时表示赞同；当对方表示气愤时，你也应该有相应的反应。这种做法会给你的交流对象传递一个清晰地信号：你在认真听他倾诉。

◎ 第三分钟　巧妙提问，让对方说下去

倾听不仅可以提升你在他人心目中的地位，而且也能够帮助你获得大量有用的、可供参考的信息。所以，一方面你不要随意干涉对方的"发挥"；另一方面你也要根据自己的需求巧妙地用提问等方式引导对方的话题。这样，你才能让自己获得更多有用的信息。

15. 必须克服的四个语言障碍

发表个人观点最主要的途径就是语言。在前面，我们已经从多个角度对正确使用语言，进而对他人造成影响进行了详细分析。这里，我们要再强调一下想精通语言艺术你就必须排除的四个语言障碍。这四个障碍不是说会让你说不出话，而是会大大干扰你语言的得体、用词的准确。失之毫厘，谬之千里。不注意这些隐藏的小问题，你难免会遭遇挫折。

在某公司工作了近 10 年的王先生就对此深有体会。

王先生工作能力突出，从资历、贡献等各方面看都十分优秀。可就是这样一个优秀人才，却迟迟得不到提升。其中原因王先生也心知肚明：他的脾气太过暴躁。不仅如此，他还非常喜欢迁怒于别人。比如，早晨在公司例会上被领导批评，那么这股怒火他就一定要找人发出去。他手下的员工、平级的同事、家人、朋友……久而久之，人们对他都非常不满。每次评选先进或者考虑升职，他都会因为脾气问题受阻。为此，上级领导找他谈了好几次，但效果都不明显。

王先生存在的问题就属于四个语言障碍中的一个——情绪障碍。在调查研究中我们发现，许多人说什么话、办什么事往往都为情绪所左右。情绪好，他就会眉开眼笑、妙语连珠；情绪不好，就有可能像王先生那样肆意迁怒他人。这样不顾别人感受的交际方式必然会给他的个人影响力带来一定的负面影响。情绪障碍仅仅是语言障碍中的一个，其他三个障碍如图 3-11 所示。

图 3-11 中，习惯障碍主要是指一些个人语言习惯问题。比如有些人喜欢说口头禅，而且这些口头禅中还常常带一些脏字。也许

```
  情绪障碍                           习惯障碍

                不能准确
                表达个人
                  观点

  思维障碍                           技巧障碍
```

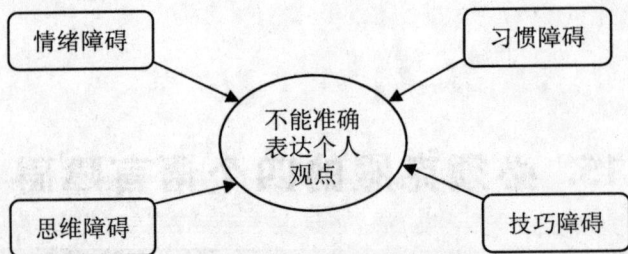

图3-11　干扰正常语言表达的四个障碍

说话人本身并没有感觉到自己的这些小问题有多么不妥，但在其他人心目中就会因此而大大降低对你的评价。

思维障碍主要是指一个人的逻辑思维能力。这与他的语言表达顺畅与否息息相关。前面我们就已经着重提示过这一点。

技巧障碍主要是指语言技巧方面的问题。比如说话过于直接，不懂得巧妙辩论，不会使用赞美等。

四种语言障碍堪称交流顺畅的"拦路虎"，所以克服它们非常有必要。早上三分钟，你要学会发现自己的问题，并努力改正它们。

◎ **第一分钟　想一想自己在哪个方面做得不够好**

四个语言障碍不是所有人都具备的。有的人可能有其中一项问题，也有可能有两项、三项甚至更多，还有的人会有一些自己独特的语言障碍，比如心理障碍。所以，早上第一分钟你要给自己号号"脉"，回想一下以往的交际过程，认真思考一下自己存在哪方面的问题。对症下药才能尽快搬开这些"拦路石"。在进行自检的过程中你要注意，不管是"过"还是"不及"都不好。比如，有些人语言技巧欠缺，可也有些人太会使用语言技巧了，以至于让人感觉很假。类似这样的问题，你都要有所察觉。

◎ **第二分钟　为纠正自己的问题想办法**

针对不同的语言障碍，你要想出适合自己的纠正办法。曾经遇见过一位很喜欢说口头禅的人，为了改掉自己的这个坏习惯，他特意要求家人朋友帮忙"纠错"。"朋友发现我说口头禅、口吐脏字后，我都要请客吃饭。请客是需要花钱的，几次下来我潜意识里就非常注意这方面问题了!"他笑着介绍自己的纠正错误小窍门。你也可以像他这样找一些比较适合你自己的纠错方法。早上第二分钟,你要完成这项工作。

◎ **第三分钟　多向别人学习说话的技巧**

没有谁天生具有许多巧妙的说话技巧,所以要想让自己的语言交流变得越来越通畅,你就要积极向别人学习。每天早上,你可以抽时间多想一想周围的朋友们都是如何"说话"的,取其精华,弃其糟粕,并且在生活中多多使用这些技巧,很快你就会成为一个很会说话的人。

16. 肢体语言的妙用

心理学家戴斯蒙·莫里斯博士曾经提出过一个著名观点：一个人的下意识行为往往会暴露他内心的真实想法。这是因为，人的运动是由大脑控制的，在某些时刻，肢体运动会在大脑潜意识作用下不知不觉做出一些"标志性"动作，来配合或者掩饰大脑的某些心理活动。由此，一门新的科学——肢体语言学诞生了。

人们依靠肢体语言学分析交际对象的心理活动，进而提高交际的效率——许多交际高手都精通此道。通过标志性小动作我们可以了解对方的心理状况；通过标志性小动作，我们的所想所感也会被别人所探知。既然如此，我们是不是可以用小动作对他人施加影响呢？有这样一个小故事：

有一位年轻的导购员在一家男装店卖西装。每天他的销售额都非常可观，究其原因就在于，他能够运用小动作对顾客形成隐性的引导。

有一次，一个看上去刚走出校园不久的小伙子来服装店选购衣服。很明显，他对西装类产品了解不深，所以一连挑了好几个款式都觉得不满意。在一旁服务的导购员深知其中奥妙：小伙子一直没有直起腰身。每次试穿衣服的时候，他都是很随意地在镜子前面看一下。猫腰弓背穿西装怎么能穿出型？

这时，小伙子又试穿了一件衣服——很明显对这一件的颜色他很满意，但遗憾的是他又没有穿出应有的效果来。正在踌躇之中，小伙子突然看到导购对他帅气地笑了一下，然后做了一个挺直腰身的动作。小伙子恍然大悟。他再次走到镜子前，站直了身子仔细打量。这时他才发现，这件西装果然很有气质。欣喜之下，小伙子连忙付钱买下了这件衣服。

没说一句纠正顾客错误姿势的话，就让顾客明白了问题所在，这就是导购员巧妙使用肢体语言的效果。在当时的场合下，如果导购人员直接指出客户的问题，难免会让对方心里产生不愉快的感觉。尤其是对刚走出校门的大学生，更容易造成轻视对方的假象。直接用语言提醒不好，那么完全就可以用肢体语言来实现这一目的。这样一来，不仅顺利让对方了解你的意图，而且会在无形中获得对方好感，提升你的个人影响力。

使用肢体语言对提升我们个人影响力，传达某些特定信息很有帮助。但它也不是随处可用的。一般来说，它的功能主要集中在以下几点，如表3-3所示。

表3-3 肢体语言常见功能分类

肢体语言功能	应用范围
替代功能	用于替代爱欲、挑衅、拒绝、寻衅、优越感、恭维、妥协、欢乐、痛苦等情绪。比如，翻白眼一般可用来替代厌恶或者蔑视
表露功能	用于表达无法诉诸于语言的思想感情和内心思想。比如，有口难言、心情沮丧时会用猛地蹲下抱头动作来表露
调节功能	对当下状况不满时，可以用一些肢体语言进行调节。比如，当你专注于某件事情，而他人企图来打扰你的时候，你会用挥手等动作进行制止
辅助功能	用于加强自己的语言情感分量。比如，演讲时用手握拳下砸，可表示自己对所说事情的决心

通过表3-3，我们对肢体语言的适用范围有了一个大致了解。在日常交流中，你完全可以充分发挥它的作用，使其为你的社交和提升影响力服务。早上三分钟，你要对自己的肢体语言运用进行整理。

◎ 第一分钟　清理自己肢体语言中的"奸细"

既然交流对手可以通过肢体语言来了解你的所思所想，那么早上第一分钟，你就应该着重对自己常使用的肢体语言进行清理，查找出非常容易泄露我们所思所想的一些动作，然后将之去除。

◎ 第二分钟　加强对肢体语言的主观运用

人们使用肢体语言往往都是无心之举，这并不能最大限度发挥它们的作用。所以，你可以刻意关注自己对肢体语言的运用。在什么场合下什么动作更能够给你带来魅力、换回支持，这些你都应该仔细进行思考。很多时候，你的一个定格动作能够给他人留下终生无法磨灭的印象，其所能产生的影响力可想而知。

◎ 第三分钟　多学一些肢体语言知识

肢体语言有许多种，而且其表现的含义各不相同。早上第三分钟，你应该多学一些相关方面的知识。这样你在运用它们的时候，才能游刃有余。

第四章

运用影响力

提升影响力的目的不是为了把它当做摆设,更不是将之充作炫耀的资本,而是要运用影响力为你的发展服务。能够巧妙提升影响力,你还要能够灵活使用影响力。影响力不是越用越少的不可再生资源,而是越用越多的神奇能量。因为你运用影响力获得的成功越多,反过来你的影响力就越大。所以,在灵活使用影响力的同时,你会惊奇地发现自己的影响力始终在不断上升。

1. 懂得发挥最大优势

一个人对旁人的影响力不一定都是全方位的。如果他的影响力主要集中体现在个人人格魅力方面，那么他可能会做到一呼百应；可如果集中在非人格影响力方面，那么他就无法运用这种影响力去影响他人做影响范围之外的事情。

比如，一名在海内外享有盛誉的医学专家可以带动许多追随者展开某一医学方面的研究，但是他却很难要求那些追随者为他投票参加政治选举；一个人格高尚的人很容易就能获得别人的信任，但如果他对中医一窍不通还要给追随者开处方，恐怕人家也不会相信他。影响力很多时候都有适用范围，这个适用范围就是你的最大优势。要想发挥影响力，提升影响力，你就要懂得发挥这种最大优势。

有一个创业成功的企业家，他刚刚三十多岁，却已经创建了固定资产上千万元的一家大型企业。人们对他都非常敬佩。

有一次，他到一家分厂进行视察指导。分厂主管邀请他到车间视察，同时安排了一个小节目：请他给一些工人做技术指导，然后让宣传人员把场面拍摄下来，写成稿件放到企业内部刊物上。分厂主管的计划很不错，可是他没想到企业家却笑着婉拒了。分厂主管很惊讶，问为什么，企业家说："我能够在管理方面凝聚全厂员工的精神优势，但无法在技术上指导员工。如果我这样做了，就是在欺骗员工，就是在砸自己的牌子！"

那次视察，企业家给分厂员工做了一次非常精彩的动员大会，分厂员工的工作积极性大幅提升。

做自己最擅长的，发挥自己影响力最大的优势，这样才能让自己的影响力提升的脚步更快。事例中的企业家对这个道理知之甚深。所以，他拒绝了分厂主管的好意安排，避开了弱势项目，转而发挥了自己的最大优势：管理和动员。通过图4-1，可以很清楚地看到他这样做的效果。

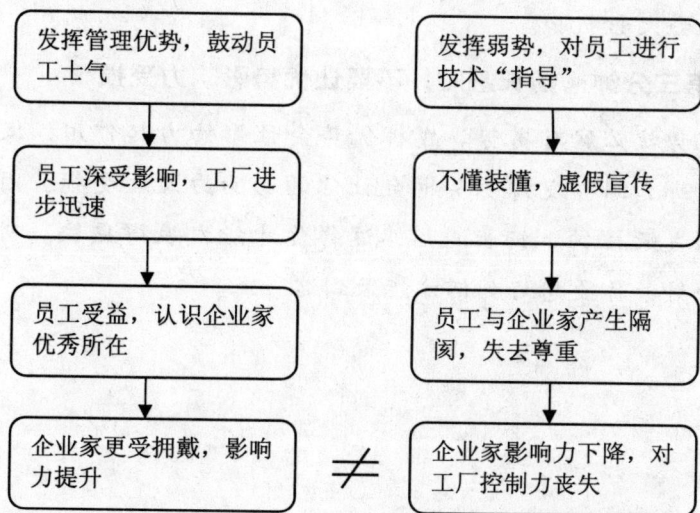

发挥管理优势，鼓动员工士气 → 员工深受影响，工厂进步迅速 → 员工受益，认识企业家优秀所在 → 企业家更受拥戴，影响力提升

≠

发挥弱势，对员工进行技术"指导" → 不懂装懂，虚假宣传 → 员工与企业家产生隔阂，失去尊重 → 企业家影响力下降，对工厂控制力丧失

图4-1　企业家使用优势、劣势对比

一个是发挥个人优势，使自己影响力发挥作用，同时进一步巩固个人影响力；一个是贪图虚荣，发挥劣势，最后事业与影响力双双受损。可见，在运用影响力的过程中，能够始终发挥最大优势的人，才会让自己在事业、生活与影响力等各个方面都同时受益。

早上三分钟，你要找到自己的优势，并将之充分发挥出来。

◎ 第一分钟　想一想自己的优势和影响力在哪里发生了重合

一个人的优势往往有许多方面，比如年龄、经验、人脉，等等。这些优势有的能够与个人影响力挂钩，有的则不能。早上第一分钟，你要想出二者之间的重合部分。因为只要能够充分发挥这个部分的优势，你就会发现自己的影响力在不断推动你前进，同时影响力本身也在不断发展。

◎ 第二分钟　找到发挥这种优势的途径

能够发挥作用的优势才是真正的优势。早上第二分钟，你要找到发挥这种优势的途径。比如，你有很强的号召力，就不妨多创造一些发挥号召力的机会。酒香也怕巷子深，没有发挥渠道的优势，其作用也会大打折扣。

◎ 第三分钟　扬长避短，不要让优势影响力受损

有优势就必然有劣势。发挥优势会让影响力起作用，促进影响力发展，那么同样发挥劣势也会让你的影响力大大受损。因为劣势往往都与失败挂钩。扬长避短，这样你才能发展得更快。所以，早上第三分钟，你要想好如何才能做到这一点。

2. 充当榜样

对于榜样，所有人都不会陌生。在普通人眼里，榜样就是学习的目标，在这些人眼中，榜样的影响力之大也就可想而知。仔细分析你会发现，榜样与影响力是一个相辅相成的关系。

因为某种精神或者行为，一个人、一个组织成为了榜样——这往往是影响力最大化的结果。在影响力的帮助下，成为榜样的人在人们心目中占据了学习目标的位置。与此同时，榜样又在被学习、被树立的过程中不断提高了自己的知名度，相应地也提升了自己的影响力。这是一个良性循环。每一个纳入这个良性循环的人，都会获得令人羡慕的成功。

由此可知，如果你想让自己的影响力最大限度发挥作用，想让自己的事业、人生和影响力一起水涨船高，你就一定要充当榜样！对此，"疯狂英语"的创始人李阳有非常清楚的认识。

在李阳"疯狂英语"的推广现场，你会看到一个在台上带领听众疯狂呼喊英语的人。他用自己的行动向人们做了表率：只要像他一样疯狂学习、朗读英语，你也能够让自己成为一个英语口语高手。

李阳在大学以前并不是一个开朗外向的人。不要说当众演说并不擅长的英语，就是与陌生人交谈他都会觉得非常困难。幸运的是，在大学期间他找到了克服这种懦弱的秘诀。于是，"疯狂英语"诞生了。对于这段经历，他毫不避讳。甚至，他还屡屡在公开场合宣传自己的成长历程。这是因为，他要通过这个过程把自己树立为一个榜样，一个能够让人学习、追随的榜样。结果，在"疯狂英语"的影响力推广下，他真的成为追随者心中的学习目标，同时，他的影响力也在不断扩大。

从利用"疯狂英语"的影响力扶持自己成为学习者的榜样，到利用自己的榜样名气、身份扩张"疯狂英语"的影响力，李阳非常巧妙地把自己融进了那个良性循环。他的经验值得我们学习和效仿。也许你没有李阳那样的地位和影响力，但这也不妨碍你成为你那个小圈子里的榜样。只要你以此为目标，总有一天你会获得自己想要的一切。

在以往的实践调查中，我们发现许多人都有一个误区：他们把"成为榜样"与"成为全才、圣人"混为一谈。榜样可以是单方面的，你可以在人格上成为榜样，也可以在人际交往上成为榜样；你既可以用技术使自己成为别人学习的目标，也可以用管理才能实现这一目标。有的人认不清这一点，而是单纯地认为自己应该全方面发展，力争在每一个方面都获得别人的尊敬，最后结果一定不会让他非常满意，毕竟人力有穷时。

早上三分钟，我们应该从思想、行动等多个方面着手，让自己成为周围圈子里的榜样。

◎ **第一分钟　借助已有影响力，让自己成为榜样**

想成为榜样，最简单的方式就是借助已有的影响力，让自己再进一步。许多人喜欢平地起高楼，勇气可嘉，但方法不对。能够在自己已有优势方面再进一步，不是比一切重新开始要方便快捷得多吗？早上第一分钟，你就要想一想哪些方面的优势和影响力可以为你提供帮助。

◎ **第二分钟　贪多嚼不烂，找到最好的发展方向**

有些人喜欢许多方面齐头并进，然后择其优而发展。事实上，这种做法远不如你在仔细思考后，确定一个重点突破来的有效。早上第二分钟，你要打消自己多面出击碰运气的想法。

◎ **第三分钟　榜样就要永远领先**

榜样存在的前提在于他始终是别人学习的目标。这就要求，你在成为榜样的领域要占据前列。一旦落后，那么你的榜样地位很快就会消失。所以，早上第三分钟你要把目光集中在学习方面。

3. 消除冲突

在影响力的使用中，消除冲突是一个很大的方面。不管是消除自己与他人之间的冲突矛盾，还是为他人之间的矛盾做调和，都需要你调动一定的影响力。在讲究"和为贵"的今天，能够让自己的影响力在消除冲突方面起到显著作用，无疑你会是一个大赢家。

在使用影响力消除冲突方面，有些人存在一定误区。比如下面这个例子：

有一位公司基层领导在管辖范围内声望很高，影响力很大。所以，他就一直认为所有人都应该听自己的安排，尤其是部门内部问题，更应该一切以他的意见为准。结果，不管是别人对他有不同意见，还是下属之间产生矛盾，他都会强行干预。与自己有矛盾的人，要打消其不同意见；下属之间有冲突，他也会根据自己的主观臆断做出裁决。在他的干预下，冲突很快"消除"。领导为此非常自得。

环顾四周，类似这样的领导有许多，尤其是一些风格强硬、影响力大的人，更容易如此行事。表面上看，领导的做法十分见效，但从长远考虑却并非如此。

有一次，领导手下两个员工因为工作方法的问题吵了起来。领导根据自己的思路想当然地做出了裁决，要求两人马上"停战"。没想到，被领导裁定犯错的一方并不服气，还把冲突的矛头对准了领导。在他的带动下，许多平时对领导就非常不满的员工一起提出了反对意见。"自大，自以为是"，类似这样的指责声不绝于耳。看到自己部门发生了这样的"事件"，领导一时乱了手脚。

利用影响力消除冲突是应该的，但具体如何运作却要谨慎小心。

否则，就会出现例子中领导这样的问题。用影响力干预冲突为的是调解，而不是压制。否则，像那位领导那样运用影响力，就是强迫了。具体而言，在运用影响力消除冲突时，你最好遵循以下几个要素，如图4-2所示：

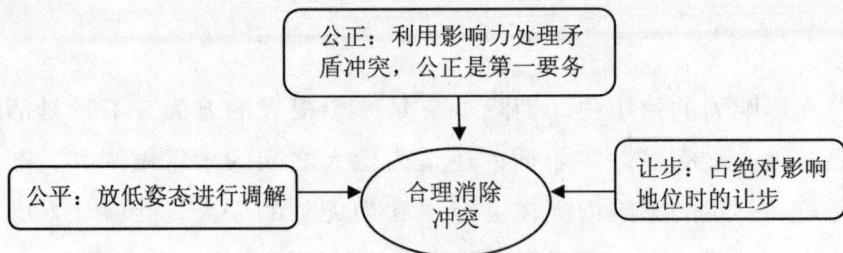

公正：利用影响力处理矛盾冲突，公正是第一要务

公平：放低姿态进行调解 → 合理消除冲突 ← 让步：占绝对影响地位时的让步

图4-2　合理消除冲突的三要素

利用个人影响力消除冲突矛盾，首先要注意的就是公平与公正。影响力会让你更容易打开对方的心理防线，而公平公正则会让它发挥更大效力。在坚持公正原则时，你要注意严格要求自己，尤其是在解决你与其他同事的纠纷时，更要注意这一点。绝对的公平是天方夜谭，特别是在你的影响力"包围"之下，更是会让人产生不公平感。所以，在公平方面你最好把自己的姿势放低、再放低。

三要素中的让步有特定使用环境，主要是指处理你与他人之间的冲突时，在你占据绝对影响力的情况下做一个轻微的让步。这有利于安抚对方情感，防止不满情绪产生。事实上，你在这个时候主动做出的让步往往会被对方看做胸怀宽大的表现，这有利于你进一步提升个人影响力。

早上三分钟，你可以学习一些利用影响力消除冲突的妙招。

◎ 第一分钟　不要让对方产生压迫感

运用影响力消除矛盾很容易让对方或者冲突双方产生压迫感，所以，早上第一分钟你就要想出适合自己的、消除压迫感的技巧。比如，有些人喜欢制造相对轻松的氛围，有些人则常用温和的交际方式安抚人心。不管你最后采取的是哪一种方式，都不能让对方在有压迫感的情况下"妥协"。

◎ **第二分钟 巧妙利用影响力让冲突双方接受你的观点**

在消除冲突矛盾时，我们要注意巧妙运用影响力去解决问题。比如，有一位医生发现一位病人和他的家属争吵起来，原因就是是否需要住院治疗。医生在劝解无效后，主动提出让矛盾双方介绍一下基本情况，让他来做一个判定。原来主治医师曾建议这位病人住院治疗，但仅仅是建议，病人没有当回事儿，可家属却很不放心。最后这位医生给了他们一个"权威"建议：住院观察三天。矛盾顺利解决。类似这样使用影响力的方法，我们要掌握。

◎ **第三分钟 运用影响力寻求帮助**

有的时候你还会遇到这样的问题：不管用什么办法，都不能消除与同伴之间的矛盾冲突。这时候，你的影响力已经对事情无能为力了。如果你发现自己陷入了这样的困境，建议你运用自己的影响力寻求帮助——你在寻求帮助时可以影响帮助者把意见向你倾斜。当然，这个发挥影响力"干扰"作用的过程不能过于明显。

4. 让对手为你所用

力是相反的，任何力都有反作用力存在……这是我们上初中时就知道的道理。对手就是我们人生中的"反作用力"，不论什么时候，不管你的影响力如何，你都不要希望对手永不存在。就像高山永远不会躲过风雨的磨砺，大海永远不会忽视陆地的侵蚀一样，对手永远存在，这是自然界运行的法则。对手永远存在，你就该知道如何应对。

歌德曾经说过："有一个比你强的对手是件好事"。从某个意义上来说，我们不但不应该害怕对手、憎恶对手，甚至还应该感谢他们。因为一个好的对手就是一面镜子，参照镜子，你才可能进步。有对手就会有竞争，有竞争才会有发展。如果你能够利用自己的影响力与巧妙的交际方式相结合，让对手为你所用，那么你就找到了与对手相处的最好办法。

一位老师曾经这样教导他的学生："永远感谢你们的对手，因为是他给了你们成长的机会。"之所以这样说，是因为他在与对手相处的过程中获益良多。这位老师刚刚毕业进入学校工作时，发现周围有许多和他一样刚刚参加工作的新同事。新人多，竞争就必然很残酷。果然，残酷的竞争很快就开始了。

评职称，很多人争抢一个名额；得奖励，很多人暗暗较劲……对这种环境，年轻的老师非常不适应。但是，竞争心强的青年哪会甘于默默无闻地当"分母"？于是，他的要强心被极大地调动了起来。但出人意料的是，这位老师没有单纯地与对手对抗，而是选择与他们进行友善的交流。很快，他就与许多同事结成了既是对手又是朋友的奇怪组合。

比成绩、比升学、比论文、比成果……一晃十年过去了，在与对手的竞争、切磋中，这位老师成为一名优秀的骨干教师。而他的那些"对手"也都取得了不错的成绩。

"我应该感谢这些对手。是他们在不停地给我敲响警钟，是他们让我有了学习的楷模，是他们让我发现了身上的缺点与不足。他们的提醒，让我受益良多。"老师这样总结自己的经验。

这位老师就是一个巧妙利用对手为自己的服务的典型例子。他与对手切磋，用影响力调控与对手的关系。通过对手，他了解了自己的不足，用自己与对手的差距激励了发奋的意志。

运用影响力调整与对手的关系，对对手施加影响的种类除例子中老师这种情况以外，还有三种，如图4-3所示：

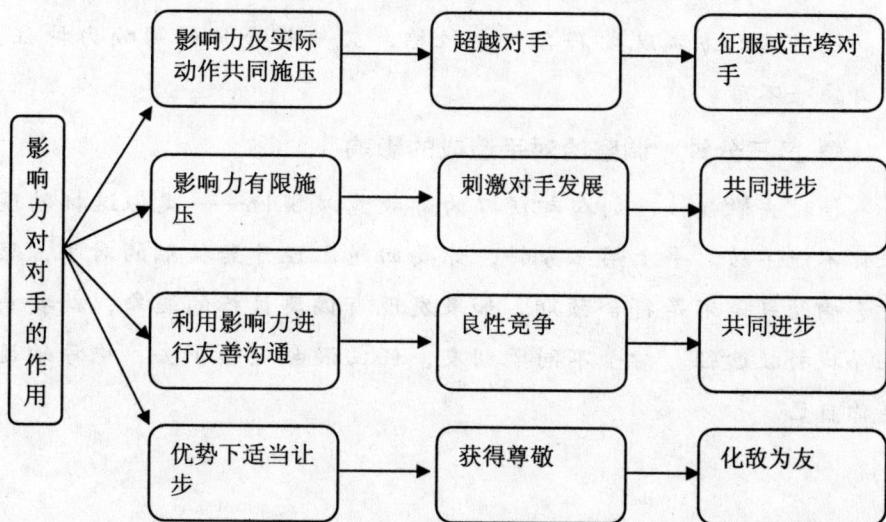

图4-3　影响力对对手作用的种类

通过图4-3可以看出，利用影响力进行友善沟通，进而造成良性竞争氛围，仅仅是让对手为你所用的途径之一。你还可以有超越对手、刺激对手、获得对手尊敬三种方法。但比较而言，超越对手的技巧过于强硬，刺激对手的程度不容易掌握，而获得尊敬则需要高超的交际技巧，唯有形成良性竞争氛围最容易操作。路有千条，合适最好。你可以有自己独特的选择。

早上三分钟，你要理清自己与对手的关系。

◎ 第一分钟　摸清对手的情况

让对手为你所用，你首先要知道对手的情况。有些对手容易相处，有共同良性发展的想法；有的对手则充满竞争欲望，有"唯我独尊"的心理倾向。对手不同，你的影响方式也应有所不同。与"霸王"型的对手讲友好沟通，无异于与虎谋皮。所以早上第一分钟，你要摸清对手的情况。

◎ 第二分钟　找到合适的沟通方法

摸清对手情况后，你可以据此找到合适的沟通方法，这是你发挥个人影响力的关键。因为影响力很多时候都需要通过交流传递过去。这种沟通方式既要符合对手性格，又要符合你的影响力特征，二者缺一不可。

◎ 第三分钟　调整给对手造成的影响

伸过去橄榄枝，别人却误以为你故意歧视他——类似这样的现象你不能不防。早上第三分钟，你要回想已经开始接触的对手，思考影响结果是不是符合预期。如果发现有偏离目标的迹象，就要马上寻找补救途径。对手不同于朋友，任由误会延续下去，吃亏的还是你自己。

5. 改变别人

俗话说，撼山易，动人难。这句说的就是想要改变一个人，绝不像想象中的那么容易。每个人都有自尊心和自信心，这种内在心理活动能够帮助他获得独立世间的动力和能量。要改变别人，首先你就要面对这种心理活动的反击。例如，生活中你要指导孩子健康发展，但往往你费尽心思也很难说服孩子改正缺点——哪怕你是孩子的父亲也不例外。改变别人很难，但也不是完全没有希望，关键是你要知道该如何改变别人。

有一位新上任的部门经理对下属拖沓的工作作风非常不满，他希望看到的是一个工作干练、热情高涨的集体。很快他就采取了一系列措施：工作效率与奖金挂钩；实行计时责任制，每项工作规定完成时间；对员工进行强制性素质教育……部门经理的愿望很好，但实际效果却不佳。不仅员工们进步不明显，而且各种抱怨、反对接踵而来。经过仔细思考后，部门经理决定改变策略。

首先，他取消了以往所有的惩罚机制，同时制定了一系列奖励措施：按照原来方法工作的员工不会受到惩罚，但如果能够按照高效工作的模式去完成任务，则会受到奖励。此外，他还加强了对自己的个人要求。榜样的力量是无穷的，而他自己就要做这个榜样。一周以后，部门经理欣慰地发现，在这一系列措施的影响下，部门的整体工作风格大大改观。

强迫式"整风"不行，利用自己的影响力去感染、规范就可以，这个小例子就是用影响力改变他人的典型。如果进行分类，我们可以将之看做是"领导管理型"和"榜样型"的混合使用。它们之间的区别我们可以参看表4-1：

表4-1　影响力改变他人的四种模式

项目	影响模式	影响结果
榜样型	自身做出表率，带动旁人朝特定方向发展	影响力效果自我掌控能力差，但影响范围广
师长型	利用自身权威影响力指导他人学习发展	适用于定向影响，影响效果较强
领导管理型	个人影响力与领导力、权力同时发挥作用，改变他人	带有一定强迫性，但影响效果最佳
朋党型	潜移默化影响，不具有目的性	效果最差，但容易形成松散凝聚力

　　四种方法使用的途径、目标各异，最后的结果也不同。你要知道自己所要改变的目标更适合哪个方法。例如：针对下属团队中某一个体，你最好实行领导管理型；针对公司不由你负责管理的某个后进晚辈，你要使用师长型；如果你想把一群伙伴捏成一个"团"，那么你最好使用朋党型。

　　早上三分钟，你应该学会使用影响力去改变别人的技巧。

◎ 第一分钟　找到适用的影响模式

　　例子里的部门经理使用"强制"的方法不能改变员工的工作作风，可是用领导管理型和榜样型影响模式却轻松实现了目标，这就说明不同的模式有不同的作用。如果这位经理用师长型和朋党型去操作，结果又会如何？他不是员工的老师、长辈，也无法在短期内成为他们的朋友，如果这样做，很可能他会遭遇失败。所以，早上第一分钟，你要针对影响目标，选择最合适的影响模式。

◎ 第二分钟　影响力与外部环境搭配使用

　　影响力是改变别人的关键，但你也要注意巧妙使用外部环境。比如，你要改变的人是A，A对B很钦佩，而你又恰恰对B有相当的影响力，这时你就完全可以采取迂回路线，利用B来实现改变A的目标。外部环境不一定是指第三者，也可以是某种机遇等。关键在于，你要学会合理利用它们。

◎ 第三分钟　必要时学会改变自己

改变他人往往是为了实现合作或者其他目的，如果对方始终不接受你的影响，那么你也不要"不撞南墙不回头"。在必要时刻，你要学会改变自己。

6. 形成、利用人际网络

一位著名的销售专家曾经提出：与客户进行单线联系，你就必然会慢慢失去这位客户。要想真正套牢他，你就要像蜘蛛那样，编织一张庞大而无懈可击的网络，让客户身处其中。这位销售专家提出的理念本质上就是要让你重视形成自己的人际网络。有了这个网络，你的影响力就不仅仅是发散状辐射，而是一个横纵联合的大网。影响力会帮你实现这一目标。

王凯在镇上开了一家水泵经销部。在短短半年时间里，他成功击垮了其他竞争对手。这其中的秘诀就在于他建立了自己的人际网络。以一次销售为例：

一位在小镇附近村子里居住的村民前来选购水泵。王凯与他攀谈后知道了他家的大致方位，然后就迅速在脑海里调出了那一带的产品销售状况。

"你们那里用我这款产品的不少，你应该听说过。"王凯做出随口一说状引导着客户。

"谁家？"客户一听连忙抬头问。

"王刚家就刚买了我这里的水泵。他家你认识吧？用的怎么样？"

"哦！他家水泵从你这里买的啊？听他说用着不错。"

"你们村买我水泵的多了！比方说……"很快，王凯就为客户介绍了一张覆盖他们全村的产品使用网。"你们村用得多了也好，这样我们就可以安排技术人员定期上门为你们服务了！而且，一旦出了什么小毛病，相互之间也可以就近换一换备件，等农闲了再来我这里买！"王凯笑呵呵地说。听了王凯的介绍，客户很爽快地买下了产品。

推销是一种影响力爆发的结果。与熟人之间推销、使用影响力不同，在面对陌生人进行推销时，对影响力的考验更是严格。王凯能够在很短的时间就征服客户，就是因为他巧妙利用了人际网络，同时也进一步加强了自己的网络。人际网络的构成如图4-4所示：

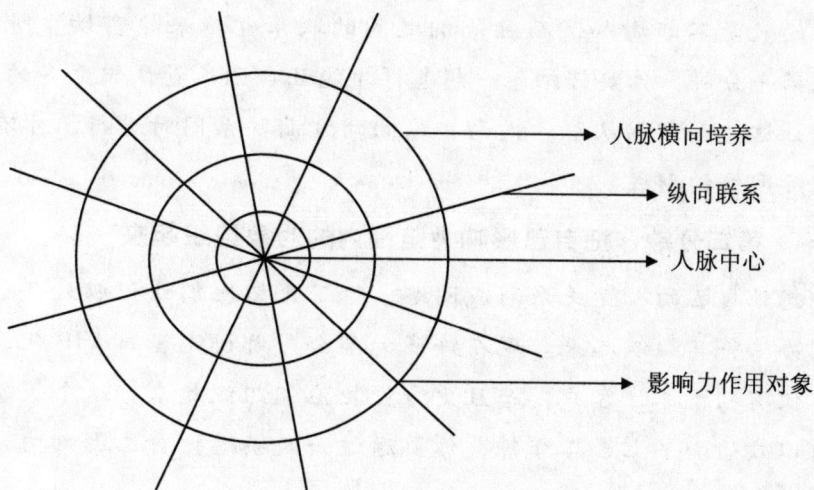

图4-4　人际网络形成模式

从图4-4中我们可以看出，人际网络的形成需要两种操作：纵向联系和横向联系。纵向联系是指你与影响对象的直接接触。这种接触容易形成直线的人际关系。横向联系则主要是指你的个人影响力在影响对象之间的传播，这与我们前面提到的链式反映相似。只不过，这种影响力很多时候并不是去刻意传播的，它有着更多的随意性。

在前面的例子中，王凯一方面劝说客户购买；另一方面列举了自己在客户所处环境中已经拥有的关系网，借此唤起客户对王凯影响力的认识和认同。两者相结合，就发挥了他已有人际网络的影响作用——当然，这名客户的加入也进一步促进了王凯人际网络的发展。

形成、利用自己的人际网络在运用影响力方面有着非同一般的意义。因为人际网络可以起到影响力增倍器的作用。早上三分钟，我们要充分利用起来，调整一下自己的人际网络运用和发展。

◎ 第一分钟　多认识人，让他们互相认识

人际网络之所以能够形成并不断发展，就是因为组成人际网络的人的数量不断增加，而且他们之间的联系也越来越密切。所以，早上第一分钟，你要仔细想一想怎样才能让自己尽量认识更多的人，同时让这些人互相认识。横向、纵向两方面联系同时进行，才有利于人际网络的形成。

◎ 第二分钟　把自己影响力范围内的对象组织起来

想让自己的人际关系形成网络，除了介绍他们认识以外，你还要想办法将其组织起来。现在许多大型公司都讲究客户 VIP 化，这样不仅有利于抓住客户，而且更方便把他们组织起来。这个策略我们可以效仿。早上第二分钟，你要通过一定渠道把自己影响力范围内的对象全部组织起来。

◎ 第三分钟　利用已有网络推广自己的影响力

人际网络有影响力倍增器作用，所以除了在形成网络方面多下工夫，你还要想一想该怎样利用它扩张影响力。你可以通过人际网络中成员的介绍，接触更多的人群，你也可以通过他们的口耳相传把自己的影响不断扩散。总之，这一过程你一定要重视。

7. 整合网络为一个团队

　　每一个人的社会交际都是一个网络，只不过有些人的网络范围大，组织严密，而有些人的则仅仅是松散的、互相认识罢了。要想运用影响力团结一批人为你服务，你就要尝试将人际网络整合为一个团队。当然，把整个人际网络全部整合我们做不到，但至少要将其分为核心部分和外围部分。核心部分是你自己发展所依靠的团队，外围部分则是辅助团队的边缘组织。我们这里强调的是核心团队的整合运作。

　　对于一个创业者来说，能够给他提供直接帮助，甚至与他一起创业的人就是他的团队成员；对于一个战斗人员来说，能够在战场上与他一起冲锋、相互掩护的人就是他的团队成员。同样，对于一个普通人而言，能够在工作、生活中与他打成一片、同进同退的人也是他的团队成员。这样的团队不是天然生成的，而是需要经过相互影响、整合才能出现的。要想获得这样一个团队，首先你要培养五种能力，这五种能力共同组成了团队影响力，具体如图4-5所示。

　　通过图4-5可以看出，五种能力处于最上方的是共同发展目标。它不是一种能力，但却是一个团队成形的基础和前提。没有共同的前进方向，人们是不可能走在一起的，哪怕维持住了暂时的同行，也有一天会各奔东西。所以，你要想把自己的人际网络整合好，就一定要有把团队成员个人目标集中在一起，树立一个共同目标的能力。当然，仅仅实现这一点还不行，因为这种团队缺乏凝聚力和工作能力。这就需要你锻炼使用另外四种能力。

　　团队凝聚力，可以帮助你聚拢团队成员的意志，让大家有劲往

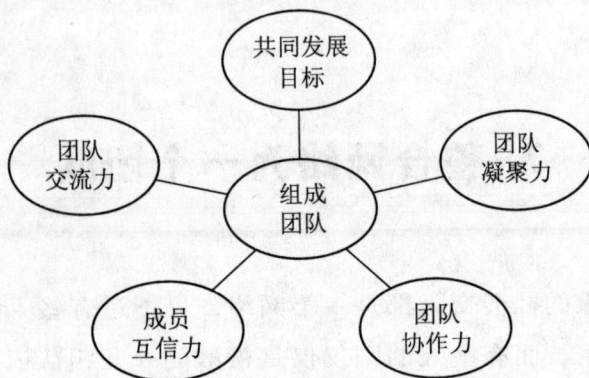

图4-5　整合团队需要培养的团队影响力内容

一处使，遇到困难也不抛弃、不放弃，这样一个团队才会永久维持下去。

团队协作力，可以让你的团队发挥出最大的工作效率。不管什么新机器，在使用的最初阶段都有磨合期，为的就是让零件之间拥有更好的协作能力。在团队整合过程中，你也要有这种能力。

成员互信力是团队能够整体运作下去的重要条件。成员之间互相猜疑，不能够安心工作，其最后结果就一定是离心离德。成员互信力的培养不仅要求你与成员之间建立互信，也要求成员之间有这种诚信的亲密氛围。

团队交流力是保证团队成员之间交流通畅的基本能力。它不仅对协作力、互信力有着帮助、促进作用，而且还是你掌控整个团队的法宝。在团队交流力方面，我们要下大工夫。

拥有了这五种能力，你想整合网络为一个团队就不是天方夜谭。早上三分钟，我们一起锻炼这五种能力。

◎ **第一分钟　选好团队的成员**

作为一个团队，合适的成员很重要。也许你的人际网络中能够胜任某一位置的人很多，但要注意的是，不是随便哪一个人拉过来都可以充当自己团队成员的。一般来说，要满足两个条件：第一，能力合适；第二，能够接受你影响力的熏陶。能力合适不是说越强越好，能够与其他成员配合，能够完成你们的最高标准要求即可。这就像是组装一台电脑，远超其他配置的内存有时并不能真正发挥作用。至于你的影响力，那就更是决定你是否能够有效控制这个团队了！

◎ 第二分钟　用影响力保证团队磨合期的顺利通过

选好成员，组好团队，接下来你就要注意保证团队磨合期顺利通过。新机器出现问题总是在刚刚开始运作的时候，所以这一时期你要用自己的影响力为团队顺利运作保驾护航。早上第二分钟，我们可以仔细思索一下都有哪些问题或者隐藏的苗头需要解决。事实上，这也是你影响力进一步在团队成员心中扎根的好机会。

◎ 第三分钟　巧妙调动成员之间的相互影响力

你有个人影响力，团队成员也有。要想让团队越来越紧密，就一定要让成员之间也相互影响。所以，早上第三分钟，我们应该想办法让成员之间相互影响。比如，你可以用自己的影响力帮助成员之间增强互信与交流。随着这一过程的进行，你的团队会越来越团结。

8. 营造团队核心

有一位公司总裁，面对公司长期亏损运营的惨状，他决定发起自上而下的改革。在几个月的时间里，他撤销了公司大部分功能重叠的机构，共裁掉员工近千名。就在整个公司人人自危，怨声载道的时候，他又做出了一个决定：放弃自己高达6位数的工资，按照每月1元的薪酬标准给公司打工一年。消息传出，人们恢复了对总裁的信任，整个公司进入了轻装跑步的阶段。

如果这家公司能够起死回生，这位总裁起到了至关重要的作用。他的痛下决心和以身作则，不仅为公司减掉了包袱，而且使公司的核心更加凝固，他对公司的控制力也大大加强。这是公司重新发展的契机与前提。

如果你仔细阅读世界著名企业的发展史，就会发现类似这样的场景并不少见。大到一个国家、一个组织，小到一个公司、一个办公室，每个团队都有自己的核心。这个核心也许是团队的召集者，也许是带领团队走向辉煌的领导者。但不管是哪种，有一点毋庸置疑：他们都对团队有着极强的操控力和管理能力。在他们影响力的作用下，团队的所有成员会用自己最大的能量为团队的共同目标努力。没有核心的团队，只能走向没落。所以，无论如何我们都应该营造、充当自己团队的核心。

营造团队核心需要你从三个方面下工夫：

首先，从工作业绩等各方面加强非人格影响力，进而获得领导力，解决团队生存、发展问题；其次，进一步培养个人人格影响力，笼络团队成员人心，增强个人凝聚力；最后，运用影响力维护团队内部稳定和发展，保持团队整体性和向心力。这就是营造团队核心的"三板斧"，具体如图4-6所示。

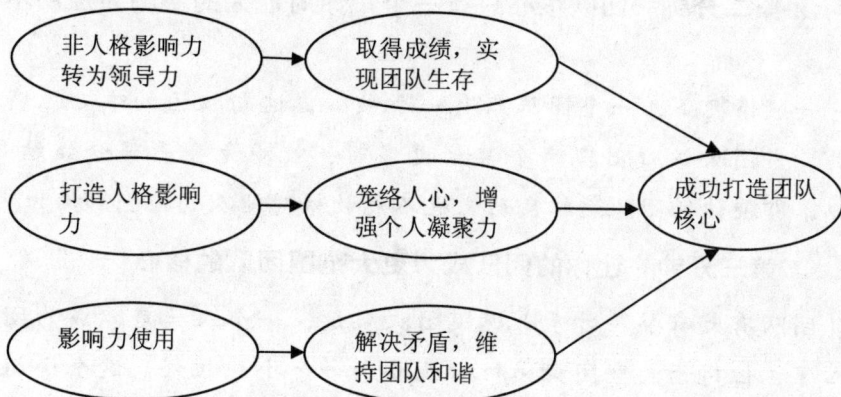

图4-6 营造团队核心"三板斧"

"三板斧"看上去并不难以挥出，但你真正投入其中就会发现这三点并不容易做到。作为一个领导人和团队核心，你需要有高瞻远瞩的眼光和脚踏实地的操作能力，想象力和创造力在此过程中作用巨大。除此以外，你的认知能力、具体工作细节安排等也将备受考验。在人格影响力方面，你要有诚实的态度和务实的精神。重视自己的承诺，能够充当全体成员的典范，具有超强的责任心和义务感是必须的条件。在影响力的使用上，细致的沟通能力，公正的矛盾排除能力，对每一位成员的信任和尊重，都会给你带来团队的和谐和共同发展。

如此众多的能力和影响力锻炼起来并不容易，它们需要你在日常工作、学习中刻意注意的点滴集合。经过一段时间的积累，相信你会适应团队核心这个角色。早上三分钟，你要对成为团队核心有更深的理解和准备。

◎ 第一分钟　自己先做好成为团队核心的心理准备

团队核心与团队成员不仅是地位、职务上存在不同，在心态上他们也有很大差别。因为作为决策者，团队核心往往负担更大的责任。面对危机，他们也负有稳定军心、带领团队走出困境的重任。所以，在成为团队核心以前，你需要在心理上做好充足的准备。

◎ 第二分钟　团队核心只有一个，你对他人的影响力控制不能放松

一般情况下，一个团队只有一个核心，这与权力的唯一性密切相关。当团队核心出现两个甚至更多时，就难免会出现分裂结局。所以，即使你的团队运转良好，也不能放松对他人的控制影响力。

◎ 第三分钟　让你的团队成为更大范围团队的核心

团队有大有小。对于小规模团队来说，一个人就可以成为团队核心了，但对于大型团队，核心就要由一个小组担任，这个小组就是你的核心团队。当你要领导一个大型团队时，注意把你的核心小团队培养成更大团队的核心，这更有利于你发挥自己的能力。当然，注意对这个核心团队的领导非常重要。

9. 对团队成员进行激励

作为团队核心，对团队成员激励，是其发挥个人影响力，获得团队整体进步的重要方面。不懂得对团队成员进行激励的人，往往不能真正发挥团队的集体力量，更不能让自己的个人影响力发挥最大作用。与之相比，那些能够激励团队成员奋进的领导者，更能获得属下的爱戴与拥护，其个人影响力也会在此期间不断攀升。

对团队成员进行激励需要采取一定的手段。有效的激励才是最值得学习、使用的。相反，那些没有营养的口头要求只会让团队成员失望，使他的影响力逐步下降。表4-2为最常见的五种激励方式，它们的途径和效果各不相同，适用于不同状况和激励目的。

表4-2 团队激励的五种方法

	激励途径	效果
纪律激励	通过纪律约束，促进团队成员进步	作为纯惩罚激励法，对自尊心、荣誉感均很强的团队作用明显，但如果过激也可能产生负面影响
情绪激励	运用鼓舞性语言，获得团队成员的爆发性进步	短时间内效果明显，需要激励者有较高影响力和激励技巧
情感激励	在团队内部营造相互信任、关心、体谅和支援的温馨气氛	有利于增强团体协作及团体生命力，但对短期快速进步作用不明显
行为激励	通过榜样、富有情感的行为等方法激励团队成员	适用于无具体目标的激励
奖惩激励	通过职务、金钱、嘉奖等物质、精神手段进行激励	最常用、也最有代表意义，对大多数团队成员适用

五种激励方法看上去非常复杂，但具体运作起来你就会发现，它们并不很难。有一个小故事：

韩国某大型公司发生了一件令人震惊的事情。一名小偷深夜潜入公司财务部门行窃，就在他即将得手的时候，一位清洁工人发现了他的行踪。清洁工人报警后，与携带凶器的小偷做殊死搏斗。最后在赶来的警方帮助下将小偷抓住，为公司避免了巨大损失。

一名公司里最卑微的清洁工人为什么愿意为公司冒这样的风险？在记者采访时，清洁工说了一件事情。一次，他在打扫楼道时，公司总裁从他身边经过。看着无比干净的地面，总裁停下脚步，对他微微鞠了一躬，说："谢谢你，把咱们的公司打扫得这么干净。"这一句话让清洁工人大受感动，从那时起他就对公司产生了强烈的认同感。"如果小偷来我家偷东西，我会置之不理吗？"最后他这样解释。

《奖励员工的一千零一种方法》的作者纳尔逊曾经在书中写道："对员工而言，在恰当的时间从恰当的人口中道出一声真诚的谢意，比加薪、正式奖励更有意义。"这个小故事就是对这句话的最完美注释。认真分析你就会发现，这位总裁采取的，就是情感激励。"咱们的公司"，这个短短的词组让清洁工人获得了最大的心理归属感，其产生的激励效果可想而知。

一名优秀的团队核心领导，应该是一个能够灵活使用多种激励方法的人，这也是他能否发挥个人影响力的重要标志。早上三分钟，我们一起来掌握这些技巧。

◎ **第一分钟　激励要公平**

激励要公平。你不可能为了激励一个落后者，就在他刚刚取得进步，但作出的贡献远远不如他人时，就给予他远超他人的奖励；也不能在做惩罚决定时顾忌"旧情"而重罪轻罚。激励需要公平，失去了这个前提，你所面对的很可能就是整个激励体系的崩溃。所以，早上第一分钟你要明白"公平"的含义。

◎ **第二分钟　激励要及时**

激励要及时主要针对的是奖励性激励。一般团队成员在获得成就后，都会在内心产生强烈的自豪感和获得赞同、认可的期望。这时候给他们送去奖励往往能收到非常显著的效果。这种效果会随着时间的推移而减弱。所以，你给予团队成员的奖励一定要及时。

◎ 第三分钟　激励要适度

适度的激励才会让激励对象乐此不疲地努力。如果团队成员的行为太容易被奖励或者被处罚，都会使他们失去热情。所以，不管是在激励标准还是程度上，我们都要做到适度。

10. 影响力提高组织力

衡量一个人是否能够成为团队的核心，其组织能力的高低是重要的标准。领导者有超强的组织能力可以保证团队活动顺利开展。因为他们不仅拥有高超的协调、管理能力，而且还拥有控制团队成员服从命令，使其沿指定方向运行，最终达到目的的控制力。这种控制力，往往就与领导者的影响力挂钩。事实上，影响力不仅会直接决定控制力，而且还会对协调、管理能力提供帮助。

在优秀的组织者眼中，决定团队合作前途的主要有三点：

* 团队成员的心态和彼此间的接受能力；

* 团队成员工作能力是否均衡，互相配合度是否高超；

* 团队管理框架是否合理，团队成员是否能够人尽其才。

对于一个团队来说，能够在这三点上都拿到"满分"，那么他们必然会合作愉快，成果显著。否则，任何一点出现问题，都难免会让团队合作遇到"门槛"。仔细分析这三点，第一点主要与领导者的控制力和影响力有关，优秀的领导者都会影响、调整属下的心态。第二点、第三点相比之下似乎与领导者影响力无关，而是更考验领导者的实际工作能力，但事实上，领导者的影响力也会对这两点造成影响。如图4-7所示。

员工能力参差不齐，领导者可以协调员工进行互补合作；团队管理框架不合理，领导者可以通过唤醒下属责任感，群策群力弥补管理漏洞。两种方法都有很强的"曲线救国"味道。但俗话说得好，"不管黑猫白猫，能抓耗子的就是好猫。"能够用个人影响力弥补管理能力上的不足，不也说明他是一个很称职的管理者吗？

团队合作失败
- 团队成员心态活动各异，合作障碍重重 ↔ 了解属下心理活动，探知、排解合作难题症结
- 员工能力参差不齐，合作衔接不畅 ↔ 协调下属间关系，深化合作，弥补衔接裂缝
- 团体管理框架不合理，员工管理混乱 ↔ 唤醒下属责任感，群策群力弥补漏洞

团队合作成功

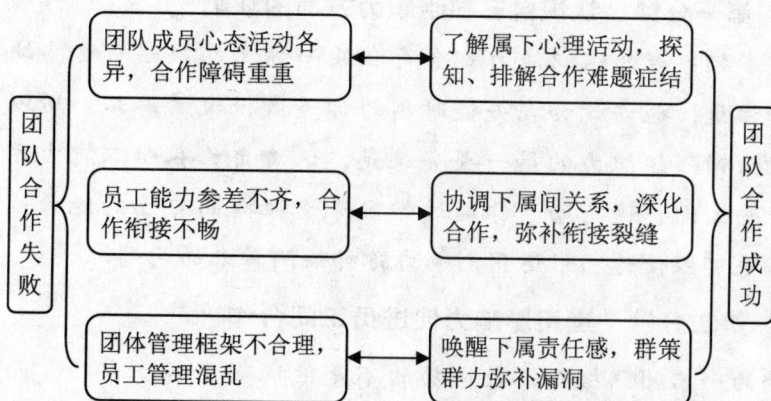

图4-7 个人影响力在团队合作过程中起到的弥补作用

有一家国际化大企业，派一名特派员巡视各个公司。在视察韩国一家子公司时，特派员在资料上惊讶地发现，公司的管理者竟然是一个年仅35岁，美术设计专业出身的人。在这个MBA资格满世界飞的年代，一个子公司的管理者竟然没有丝毫的管理学基础，这是何等荒谬。于是他想认真考察一下子公司的运作情况，一旦发现有管理问题，就马上上报总公司。

出人意料的是，考察结果并不像特派员想象得那么糟糕。的确，这位管理者制定的各项方针政策和管理措施并不出色，有一些甚至还有明显的漏洞，但这家公司的运营却没有出现任何问题。关键就在于，这位管理者能够最大限度激发属下员工的主人翁意识和责任感。在他的带动下，整个公司团结一心，哪怕管理不到位，员工也会自觉弥补可能出现的漏洞。整个公司运转良好。

就像例子中的子公司管理者，一名影响力巨大，对属下员工拥有超强控制力的领导者，往往都会有很强的组织能力。如果你在组织能力发挥方面还有一定欠缺，那就建议你不妨调动自己的影响力进行辅助，这往往会给你带来意想不到的帮助。早上三分钟，你可以轻松实现这个目标。

◎ 第一分钟　认识自己在组织力方面的缺陷

许多领导者的组织能力都会存在某一方面的缺陷。这些缺陷如果不加注意，也许就会在关键时刻给你造成很大的麻烦。所以，运用影响力增强组织力的第一要务就是，认清自己在组织能力方面的缺陷。一方面，这有助于你通过学习等途径提高自己的能力；另一方面，也可以使你巧妙运用影响力弥补缺陷带来的问题。

◎ 第二分钟　运用影响力促进员工间合作

作为一名团队核心，最成功的不是他取得了多少成绩，而是他让自己的属下取得了多少成绩。所以，如果你一时想不出具体该如何用影响力提高自己的组织能力，那么就建议你想一想怎样做才能让员工间更亲密地合作。早上第二分钟，你会在这种谋划中获益匪浅。

◎ 第三分钟　虚心求教，群策群力更容易增强你的影响力

你要影响自己的下属员工，同时也应该让下属员工有影响你的机会。上下级之间的交流往往更有利于组织能力的发挥。所以早上第三分钟，你可以想一想应该向哪一位员工虚心求教。群策群力往往更容易增强你的个人影响力和组织能力。

11. 影响其他团队

也许你经常听人这样说："某某那伙人和咱们一点也不对眼，怎么去求他们帮忙？"如果你也认同这种说法，那么就说明你对个人影响力的运用还不成熟。在影响力使用过程中，你不应该把自己的眼界局限于团队内部或者与客户之间，你还应该将之扩展到其他团队——不管这个团队跟你友好还是敌视。在影响其他团队的过程中，有两个观点你需要正确认识。

友好的团队更容易受你影响——这种想法并不正确。因为友好不代表接受影响。团队之间保持良好关系的原因很多，如有共同的利益诉求等。齐心协力完成一件事情永远都比互相拆台要来的容易，这就是"一个好汉三个帮"。但即便如此，你也不能轻易地认为对方会接受你的影响。合作可以，干涉不行，这是绝大多数团队保留的交流底线。如果你一相情愿地认为对方会对你言听计从，那必然会碰钉子。

关系恶劣的团队不会接受你的建议——这种想法也有误差。在理智的操控下，人们对于什么是有利的，什么包含恶意一清二楚。即使关系不好的团队之间，也不会永远都只有"冲突"这一种交流。如果你真心待人，为他们提出了宝贵的建议，那么他们也不会将你拒之门外。

通过这两点分析可以得出一个结论：你能否影响其他团队不取决你们之间的关系如何，而是因你的影响力和试图影响对方的内容所决定。

民国时期，江苏一位食品工业家与一家纺织厂主关系交恶。其中原因不为人所知，但两人只要一碰面就恶语相向。1922年，纺织厂主想从美国进口一批当时号称最先进的纺织机械。就在临下订单前夕，他收到了食品工业家转托他人送来的口信：这批机械有问题，是美国淘汰的旧机型。面对这个"口信"，纺织厂主犹豫了。

当纺织厂主把这个口信告诉属下的时候，属下议论纷纷。许多人认为这是食品工业家的一个圈套，觉得对方是不想让他们顺利做成这笔生意。可是纺织厂主自己心里却有另一种想法：两人虽然交恶，但在生意方面没有交叉的地方，更构不成竞争。这就排除了对方刻意使坏，想拖自己后腿的因素。这位食品工业家为人正直，在江苏商界非常有口碑，影响力巨大。他可能会为了一点小别扭就随便毁坏自己的声誉吗？而且，食品工业家的口信对自己来说也是有利无害。经过再三思考，他决定暂缓这笔生意。后来事实证明，这批机械的确有问题。两人之间的关系因为这次事件而有了极大改善。

这就是一个利用影响力影响敌对团队的例子。在例子中，食品工业家依靠自己已有的强大影响力和对对方有利的警告，获得了对方的认同。而且通过这件事，又让对方对自己好感大增。相应的，自己在对方心目中的影响力也急剧增强。从这个例子中，你是不是也收获了些什么启示呢？早上三分钟，你要掌握影响其他团队的秘诀。

◎ 第一分钟　你要确保自己的影响力扩张到其他团队

一个人的影响力会随着他的活动不断扩散。要想让其他团队受你影响，你就要找机会把自己的影响力先投放到对方心里。比如，一家知名的律师事务所为一位受难者主动提供法律援助。受难者之所以会欣然接受，很大原因在于他知道这家律师事务所的名气，知道对方能够给他带来什么样的帮助。同样，你要想影响其他团队的决定，就也应该让他们知道你的口碑。推销一件产品，你要先向客户做广告；向合作者提出警告，你要先让他们知道你的正义品格。这是一个需要你提前完成的步骤。

◎ 第二分钟　让自己的影响对其他团队有利

对自己有利的影响接受，不利的摒弃，这是所有人的本能。所以，要想让其他团队为你所影响，你就一定要做出对他们有利的举动，或者帮助，或者提醒，或者共同获得利益。想拖其他人一起倒霉的事情，你最好不要抱有太多的期望。

◎ 第三分钟　学会接受其他团队的影响

没有人总是影响别人而不受别人影响。很多时候，接受别人的建议更能使你获得他人的信赖和支持。因为这代表着你对他们的信任。所以，在影响其他团队以前，你也要学会接受他们的影响。互助才能让合作长远持续下去。

12. 影响上级领导

　　影响同事、影响下属、影响客户、影响其他团队，这些也许都不困难。可是，如果你要影响的目标是你的上级领导呢？不要认为自己作为下属就应该永远处于被影响的地位。要想让你的影响力得到充分发挥，对上级领导的影响必不可少。

　　在现代流行的管理学说中，有一种渐渐为人们所关注，这就是"逆向管理法"。所谓"逆向管理法"，是指由下属主动通过一定途径，与上级保持沟通，进而在制定决策、日常管理等各方面对上级造成影响，最后实现双方高效沟通，共同实现最终目标的管理模式。与以往的自上而下的管理相比，逆向管理法更能充分发挥下属的主观能动性，同时增强上级对下属的了解和掌控，有利于避免因理解错误、认识误差而造成的工作失误。可以说，逆向管理法优点众多。而它实现的关键就在于，下属能够将自己的影响力扩展到上级领导心中。

　　从图4-8可知，通过"逆向管理法"影响上级的关键，在于要与上级进行有效的沟通和交流。虽然你的工作能力、工作业绩与威望也是获得重视的筹码，但要想真正引起上级的注意，你还是不能放弃对交流技巧的选择和锻炼。

　　一次，部门经理把在单位工作了五年的王伟叫到办公室。他想向王伟征求一下工作意见，因为他觉得自己在管理方面还应该有所加强。部门经理向自己征求意见，王伟非常兴奋，但同时也很犹豫："应不应该直说呢？也许领导都是喜欢听好话的。"于是，他决定多说好话，少提意见。

```
┌──────────────┐          ┌──────────────────┐
│ 与上级有效沟  │ ········ │ 打消上级疑问，获得上级肯 │
│ 通           │          │ 定，避免工作误差出现    │
└──────┬───────┘          └──────────────────┘
       │
       ▼
┌──────────────┐          ┌──────────────────┐
│ 影响、引导上  │ ········ │ 与上级建立和谐关系，打通 │
│ 级决定        │          │ 共同协商通道，获得话语权 │
└──────┬───────┘          └──────────────────┘
       │
       ▼
┌──────────────┐          ┌──────────────────┐
│ 巧妙"管理"   │ ········ │ 实现个人影响力最大化，获 │
│ 上级          │          │ 得上级认同，实现上下级共 │
│              │          │ 同发展             │
└──────────────┘          └──────────────────┘
```

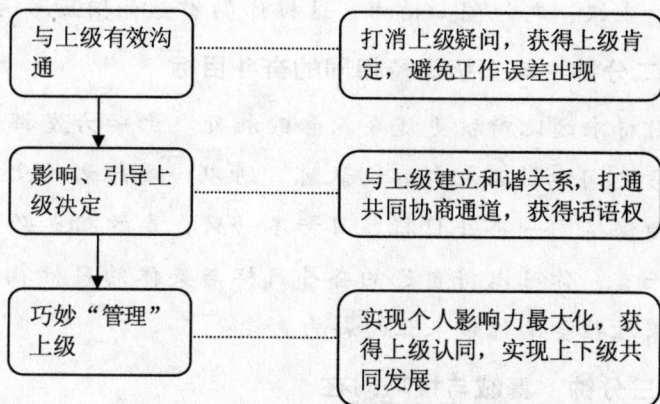

图4-8　"逆向管理法"影响上级三步骤

谈话总共进行了半个多小时，经理没有从王伟嘴里获得任何一点自己想获得的信息。他听到的只有奉承。最后，经理挥手叫王伟回到了自己的办公室。从那以后，他再也没有找王伟单独谈过话，更没有问过他任何意见。

很明显，王伟放弃了一次让自己的影响范围涉及上级领导的机会。既然上级向他征求意见，那么就意味着他获得了上级的初步重视——接下来他要靠沟通巩固这种重视，直至他的意见能够影响甚至左右上级的决定。可是王伟却没有这样做。他没有丝毫建树的发言让上司把他归入了可有可无的行列，而他的影响力也随之下降到了低谷。试想，如果王伟能够委婉地提出一些非常有见地的建议，给上司提供帮助，其结果又会如何？

与上司沟通的技巧很多，通过这些技巧你可以一步步实现影响上级领导的目的。早上三分钟，你可以多学一些这类技巧。

◎ **第一分钟　要保持理性地对待上级**

上级不是仇敌，不是财神爷，更不是魔鬼！许多人在与上级相处时总有一种定位不清的心理扭曲，这就给他们与上级的交流蒙上了阴影。满怀仇恨地与某个人交流，怎么会有好的结果？所以，早上第一分钟，你要让自己能够有一个理性的态度去面对上级。你要知道，善待上级，与他同心协力，这样你们才会有相互影响的可能。

◎ 第二分钟　与上级保持相同的奋斗目标

统一目标永远比对抗更能令人和睦相处。影响力发挥的重要前提就是双方之间能够互相包容、认可。所以，要想影响上级，你就一定要与他保持同一奋斗目标。目标不一致，走的路也必然东西各异。具体而言，你可以将自己的奋斗目标与集体的目标相结合，这样做的结果往往会给你带来正面影响。

◎ 第三分钟　真诚与技巧同在

对待上级你要保持真诚，因为真诚是影响力发挥的基础。没有谁会为一个怀有二心的人所影响。但同时你也要知道，权力永远是不对等的。与上级交流，你也不能不讲技巧。给上级提建议时直冲冲，让上级颜面无存就是失败！所以早上第三分钟，你要告诫自己不要忘记真诚，更不要忘记技巧。

附　录　评估你的影响力

关于个人影响力水平方面的测试近年来出现很多，其中以著名心理学家罗伯特·西奥迪尼（Robert B. Cialdirli）在其著作《Influence: The Psychology of Persuasion》（中文译本《影响力》）中提出的评估方法最为著名。罗伯特·西奥迪尼是全球知名的个人影响力研究权威，他在哥伦比亚大学取得博士后学位后，供职于亚利桑那州立大学心理学系，专门研究影响力的内涵及发挥作用原理。

下面，我们就将这个著名的测试提供给你，希望你从中有所启发。

1. 在什么情况下，人们会对那些缺乏说服力的证明表示认同？

　　A 时间紧迫，不容思考

　　B 对话题不感兴趣，敷衍了事

　　C 对话题兴趣一般，可有可无

　　D A 和 B 的综合

2. 你想把一种商品推销给客户，这种商品根据不同种类（经济型、普通型、豪华型）拥有多个价位。你认为下列哪种情况会让你的销售业绩最高？

　　A 从经济型开始向豪华型推销

　　B 从豪华型开始向经济型推销

　　C 从普通型开始，根据客户需要选择方向

3. 你认为，下列哪种政治候选人最有可能成功？

　　A 相貌堂堂，看上去很有魅力的人

　　B 敢于使用各种负面攻击性新闻打击对手的人

C 竞选团队活力最旺盛的人

4. 你认为,一个人的自尊与坚持己见有什么关系?

A 自尊心不强的人最容易放弃己见

B 自尊心一般的人最容易放弃己见

C 自尊心强的人最容易放弃己见

5. 有一位政治候选人不慎失去了民众信任。他希望下一步通过打击犯罪重树声望,你认为他该怎样开始接下来的宣传演讲?

A 我认为,我的对手在打击犯罪方面表现不是很突出……

B 我的支持者们都希望我能够坚决打击犯罪,而且他们相信我有这个能力……

C 我的对手在打击犯罪方面成绩斐然,但是……

6. 假设你是一名投资顾问,你需要说服一位投资保守的客户扩大投资范围,激励他把目光转向高风险但也高回报的项目,你会从哪个方面着重谈起?

A 其他保守客户是多么后悔自己的行为

B 如果他投资高风险、高回报项目,他会获得什么样的收益

C 如果他继续保守投资下去,他将失去什么

7. 你认为法官会被什么人说服?

A 讲话简洁、明快的证人

B 讲话专业,用大量专业术语的证人

C 注重讲话内容,让自己的说服力最强的证人

8. 你要向他人介绍一则新消息,你会在什么时候告诉他"这是新消息"?

A 讲述消息之前

B 讲述消息当中

C 讲述消息之后

9. 在你向人介绍自己的设想时,你发现马上就要到关键部位了。这时候,你的语速会怎样?

A 非常快

B 稍快

C 语速适中

D 语速减慢

10. 你认为下列哪组选择最可能成为影响他人的要素?

A 热情、愉快、不和谐、回忆、专注、正面联想

B 参与、调整、催眠、反射、原型、潜意识的说服

C 一致、权威、互惠、喜好、社会认同、短缺

【答案】

1　D

2　B

3　A

4　B

5　C

6　C

7　B

8　A

9　D

10　C

【评估分析】

＊答对8~10题:如果你能够答对这么多道题,说明你是一个很懂得使用语言技巧,能够利用各种机会提升自己影响力的人。可以说,你的影响力不管是现在还是将来,都会令人羡慕。

＊答对6~7题:你的影响力很强,但还不是顶峰状态。

＊答对4~5题:你的影响力和说服力都很一般。如果努力进行提升,那么你一定会有很大的上升空间。

　　*答对 0~3 题：你的影响力很小，而且说服力也非常弱。在面对影响力强势者时，你很容易就成为对方的追随者。所以你一定要尽力增强自己的影响力和说服技巧。